ACTION SELLING

How to sell like a professional,
even if you think you are one.

DUANE SPARKS

The Sales Board, Inc.

The Sales Board, Inc.
15200 25th Ave N.
Minneapolis, MN 55447
(800) 232-3485
www.TheSalesBoard.com

Printed in the United States of America

First Printing October 2003
Second Printing September 2004

Book design by Adam Sparks

Forward

Two years ago Caterpillar Inc. introduced a new line of heavy equipment. Our Caterpillar dealership in Fargo, North Dakota, hired Duane Sparks' company, The Sales Board, to teach the Action Selling system to our salespeople. We have since sold more of this line of equipment than any other dealership in the world.

We quickly found that we wanted to increase the size of our sales force. Naturally, we again called in Duane's company to teach Action Selling to the newcomers—some of them rookies, some veteran salespeople who had sold a variety of products. At the end of the seminar, one of the veterans was so thunderstruck by what he had learned that he stood up and addressed his classmates who were just beginning their sales careers.

"You have no way to know or appreciate what a tremendous gift you have just received," the vet told the rookies. "If I had known about this system when I was starting out, I'd be a rich man today."

The Action Selling process is genuinely revolutionary, and I have mixed feelings about the fact that Duane Sparks has now managed to capture and communicate the heart of it by telling a story that is not only persuasive but quick and fun to read. On the one hand, I'm happy for all the salespeople and companies that will benefit. On the other hand, Action Selling gives my own company a huge competitive advantage. I am not eager for this book to fall into the hands of our business rivals.

Regardless, the secret is out now. So let me introduce you to two characters named Matt and Joe, a veteran salesperson and his new boss. Matt's difficulties will seem uncannily familiar to an awful lot of salespeople—and sales managers. I think you will wind up as grateful as Matt for the lessons that Joe has to teach.

Readers of this book will be easy to recognize in years to come. They'll be the ones standing in the winner's circle.

Don Pratt
Training & Development Manager
Butler Caterpillar

INTRODUCTION

You aren't a Sales Professional--yet.

C an selling be a genuine profession, like engineering or medicine? Or is it just an occupation, its success subject to so many buyer whims and depending so heavily on the innate personality traits of the salesperson that it cannot be classified as a profession?

Professions have rules, they have recognized patterns, they have organized bodies of knowledge that can be taught and then put to use proactively, with predictable results. Selling skills, on the other hand, are usually presented as collections of reactive tips and tricks that are merely responses to various things a prospect might say or do: If the customer happens to say X, you reply with Y. That is, if you're nimble enough to remember 50 different Xs and Ys.

As for building personal relationships that grease the wheels of the sales process, most sales-training programs offer only wishy-washy human-relations techniques that lead mainly to dead ends. Salespeople get some sketchy information about personality types and then are supposed to modify their language or their personas according to their guess about whether a particular customer is a "sensor" or a "feeler."

I know people who are fascinated by personality typologies in principle. I also know people who are fascinated by astrology. But I have never met any top salespeople who attribute their success to an uncanny ability to classify a customer quickly as an "intuitive" rather than a "thinker" (or a Scorpio instead of a Taurus) and then brilliantly adjust their own behavior to match. I'll bet you've never met one either.

Selling *can* be approached as a bona-fide profession. This is possible because research shows that for every major purchase, buyers follow a consistent, predictable pattern in making a series of decisions that lead up to the final purchasing choice. All buyers, regardless of their temperaments, make the same decisions in the same order. If you start with that predictable pattern and build a body of knowledge and skills upon it, you have the makings of professionalism.

That is what Action Selling does. Action Selling is a system based upon the proven conviction that the entire sales process can, indeed, be approached as a profession. When it is, the results are nothing short of revolutionary.

This book explains how Action Selling works by telling the story of a veteran salesperson, Matt, and his new boss, Joe. The characters are fictional. But since 1990, when Action Selling was introduced, stories like Matt's have played out in real life thousands of times, in hundreds of companies.

Veteran salespeople introduced to the Action Selling system for the first time often begin with justifiable skepticism. "Oh, no," they figure, "not another sales training program." They finish with a different kind of regret. One common statement: "If I had known this 10 years ago, I'd be comfortably retired by now."

You have probably read other books about selling. Why should you read this one? Here are some factors that make Action Selling unique.

WHY ACTION SELLING IS UNIQUE

• Action Selling is a full-scale, proactive communication process for planning, conducting, closing, and following up on a sale. It is not just a collection of reactive and manipulative tricks or techniques. It treats the buyer with respect, leading to lasting relationships and repeat business.

• Action Selling provides a research-proven conceptual framework, skills, and knowledge that turn selling from an occupation into a profession.

• Action Selling recognizes and follows the documented sequence of buying decisions that every customer makes during the purchasing process.

• Action Selling applies not only to a company's formal sales force but to virtually any customer-contact situation. Thus, it offers a structure, a skill set, and a common language that have the potential to transform the entire sales-and-service culture of an organization.

• To a degree unmatched by any other program or method, Action Selling merges relationship skills with selling skills. And it addresses both skill sets in a way that is useful, productive, and easy to apply.

• Action Selling asks you to learn a few key skills. If you learn them and practice them, your results will improve. You will develop stronger, longer-lasting relationships with customers. You'll make more sales. You'll make more money.

How do I know that Action Selling does all of these things? Because salespeople and their companies have proven it repeatedly.

No magic, no hype—just a process that, when worked properly, produces not only salespeople with a great foundation in sales, but allows each salesperson to utilize their greatest strengths at the same time. We are now light years ahead of our competition because of Action Selling!

TONY COLLIER
SALES MANAGER
COMPUTER INSIGHTS, INC.

We basically changed our entire sales process because of Action Selling. As a result, we were able to double our revenues over last year!

DOUG DONLEY
PRESIDENT
ADVANTAGE GOLF, INC.

In my 25 years of directing national sales operations, I have never had a response from the field like I've received from this course! Action Selling not only impacted the results of the rookies, but the old salts as well. Action Selling lit a ferocious fire under our team and sales are pouring in.

MIKE SOUTHERLAND
EXECUTIVE VICE PRESIDENT
APCO

Action Selling is THE way to systematize selling as a professional process.

TODD CARLSON
VICE PRESIDENT
CARLSON SYSTEMS

Action Selling describes a professional sales call as a sort of drama, a structured play in which all of the action and dialogue move toward a predetermined conclusion. The drama takes place in nine acts. Those acts are based upon—and follow the sequence of—five buying decisions that every customer makes, predictably and in order.

The story told in this book is organized in the same way. For one thing, the 9-Act structure serves as an accurate metaphor for the way a professional sales call works. For another, it makes the Action Selling process easy to remember and easy to discuss with other salespeople in a company that has adopted the system.

You are about to meet a guy named Joe, who will explain the whole process simply and clearly. See if some of the mistakes he points out in Matt's current approach to selling sound uncomfortably familiar to you.

I'll tell you right now how the story ends. Matt is going to be extremely happy that Joe showed up. I think you will be extremely happy that you read this book. Here's wishing you every success as a professional salesperson. You're going to make a lot of money.

DUANE SPARKS
CHAIRMAN
THE SALES BOARD, INC.

Contents

PREFACE

*You are going to make
a lot of money.*

Matt kept the rented car conservatively in the center lane of the freeway while he wondered what to make of his passenger. Joe, the company's new national sales manager and Matt's new boss, was an enigma.

The scuttlebutt had it that Joe was regarded at his previous company as a superhero, a worker of wonders. Supposedly he had introduced a new system that boosted sales, in a very competitive market, by something like 30 percent in a single year.

But while most executives who achieve such quick and dramatic results do it by alienating their subordinates in some way, leading eventually to trouble for their companies, the rumor was that Joe's salespeople worshipped him. When Joe showed up, they began to close more sales. Their commissions skyrocketed.

No doubt Joe planned some kind of major shake-up for his new sales force, but so far Matt had no clue what form it might take. The pair had met only hours ago, when Joe joined him for a ride-along on two client calls during Matt's swing through Seattle, the western edge of his territory. During both calls, Joe sat quietly, observing, talking no more than necessary to be polite, while Matt carried the ball.

The calls had gone pretty well from Matt's point of view. Not that he had closed a blockbuster deal or anything, but as he'd explained to Joe, these were new prospects. His intention at this stage was mainly to introduce himself, to present his company's offerings, and to leave some product brochures, which both clients had promised to read. Well, not promised, exactly, but they had taken the brochures. As Matt said to Joe, "First things first."

Matt was an experienced sales rep, with six years on this job and three with a previous employer. He regarded himself as a very capable salesperson. But Matt also recognized that his numbers were not those of a stellar performer. If the secret to Joe's success was to shoot the workhorses and keep only the stars, Matt could be in trouble.

How to impress Joe with his initiative?

Just in time to make it look like a considered decision instead of a last-second impulse, Matt swung the car into an exit lane. "Say, Joe, we've got some time before we have to be at the airport, and United Systems' headquarters is right there," Matt said, pointing to a glass office building that loomed just east of the freeway. "Let's drop in on Shirley Walters. She's a great client. A terrific person. You'll like her. I'm sure she'll be in her office this time of day."

"What's your commitment objective for the call?" Joe asked, as Matt made the light at the end of the exit ramp and took a quick right into United Systems' parking lot.

"My what? Oh, my objective! Well, you know, just to put in some face time with a good client. Let her know I'm thinking of her." Matt found a parking space near the building's main entrance and opened his door, prepared to step out. "Oh, and introduce her to you, of course," he added. "You're a new VIP in the company. Shirley will like that."

Joe didn't move from his seat. "No," he said, freezing Matt with one foot on the pavement. "Those are objectives, and they're valid enough. But I mean what's your *Commitment* Objective? What do you want Shirley to commit to do as a result of this call?"

"I'm not familiar with that term," Matt said stiffly, suddenly on the defensive.

"Get back in the car, Matt," Joe ordered. "Let's go to the airport."

"But Shirley is one of my best..."

"Matt, starting today, we're going to become a professional sales force," Joe said. "We will not waste a client's time or our own by dropping in to shoot the breeze. New Rule No. 1: Never call on a customer without a specific Commitment Objective in mind."

Matt climbed back into the car.

"A Commitment Objective is a goal," Joe continued, "but it's a particular kind of goal. Every sale is a process, a series of actions. A Commitment Objective is a goal you set that requires the client to make a commitment—to agree to take some action that will let you both move to the next step in the process. If you aren't moving ahead, you're wasting your time and the customer's. So, no Commitment Objective, no call. Period."

Matt put the car back on the highway and drove in silence, gripping the wheel more tightly than before.

"I've offended you," Joe said. "Talk to me."

Matt took a breath and let it out slowly. "OK, that all makes sense, I think," he said. "But as for 'we're going to be professionals,' Joe, I've been a professional salesman for nine years. I'm raising two kids on my ability as a professional salesman. I don't like being called an amateur."

A Commitment Objective is a particular kind of goal in a sales process.

"Fair enough," Joe said. "Believe me, Matt, I'm not trying to insult you. But the fact is that like nine out of 10 people who make a living in sales, you aren't a professional—yet. Oh, you have all the basic requirements; that was plain enough in the calls we made. You're personable, you're empathetic, you're inquisitive, and you genuinely seem to care about your clients and their needs.

"But professionals operate within a certain framework that draws on a body of skills and knowledge that you're not aware of," Joe said. "That's what you're going to learn. When you do, you're going to make a lot of money. And our sales force is going to light up this industry."

A sale is like a drama with the Action moving toward a predetermined conclusion.

Oh, oh, Matt thought, as the airport exit came in sight. *The new boss thinks he's Napoleon. Time to update the resume.*

"Don't worry," Joe smiled, as if reading his mind. "I don't have delusions of grandeur. It's just that I've learned a system that treats the sales process as a genuinely professional activity, where if you follow certain rules, you can get consistent and predictable results. It's called Action Selling."

It gets worse, Matt thought. *Another sales-training program.* He stifled a groan and concentrated on looking pleasant. *Let me guess: Before the customer is ready to buy, I should try to box him into a corner with phony choices: "Would you like 100 or just 50 of those, Mr. Smith?" As if my clients can't see that manipulative crap coming a mile away.*

Out loud, Matt said, "Action Selling?"

"According to Action Selling," Joe began, "every successful sale is like a little drama, with the action moving toward a predetermined conclusion. There are nine 'acts' in this drama. They take place in a particular order, based on the predetermined sequence in which every customer makes certain decisions that lead up to a purchase."

"Whoa," Matt said. "The predetermined sequence of what?"

"The documented sequence of buying decisions that every customer makes in a predetermined order, leading up to a sale," Joe said. "Don't worry, I'll explain. We already started at Act 1, which is where you identify your Commitment Objective before every call. That's the foundation of the whole thing. But hey, heads up, here's the airport."

Matt took the exit and followed the signs to the rental-car return area. Well, the idea of Commitment Objectives sounded interesting, at least. And he had always thought of the sales role as a bit like acting. Maybe this would be interesting after all.

Act 1 THE COMMITMENT OBJECTIVE

If you aren't moving ahead,
you're backing up.

At Seattle's Sea-Tac International Airport, Matt and Joe dumped the rental car and checked in for their flight to Denver, Matt's home base. There, Joe would catch a connecting flight and continue alone to Chicago.

They cleared security with an hour to spare before the Denver flight and headed for the airline's V.I.P lounge. They poured themselves some coffee from an urn and found a quiet table.

"So, tell me about Action Selling," Matt said. "It starts with Commitment Objectives?"

"All right," Joe began, "first you tell me if this sounds familiar: You've made an initial appointment with a great prospect—call him Mr. Wright. You've heard his company has had some problems with its current vendor, and you figure they're ready to make a change. You're pumped. You're confident. You're going to walk into this guy's office and wow him. You feel *good* about this one."

Matt nodded.

"So you introduce yourself to Mr. Wright, and right off the bat he says, 'Tell me what you can do for me.' This is terrific, you think, because it lets you go right into your product pitch. Which you do. You cover our features, our service, and our technical support—the whole nine yards. Wright is taking it all in. He seems receptive. He gives you 20 minutes before he tells you he has another meeting. He asks you to leave your product brochures. And you walk out thinking, 'Hey, that went well. I've got this one for sure.'"

"Every sale is a series of steps, a progression of milestones. And every milestone demands a commitment objective."

Matt nodded again, more warily this time because except for the name Wright, Joe was describing their first client call that morning. Matt indeed had been confident going into the meeting and, yes, he felt good coming out. But he sensed that good feeling was about to evaporate. He was correct.

"So, where did you leave things with Mr. Wright?" Joe asked. "What did you agree on as the next step?"

"Well, I guess I'll call Bob back and get another appointment," Matt said, dropping the "Wright" pretense in favor of Bob Howell, the client to whom Joe obviously was referring. "I mean, there was no formal agreement, as such, but he did ask for the brochures. That means he's interested...right?"

Joe's head was shaking sadly before Matt finished. "You know what I'd be thinking if I were Bob Howell?" Joe said. "I'd be thinking: 'Matt seems like a nice guy, and his product sounds pretty good, but for all we accomplished in here today he could have just *sent* me the brochures. I don't have time for this. If he calls back, I'll probably blow him off.'"

Ouch, Matt thought, remembering too many callbacks that had followed just that pattern.

"I take it this is where the Commitment Objective comes in?"

"Right," Joe replied. He explained that Action Selling defines a Commitment Objective, as an agreement the salesperson wants from the customer, a commitment that will move the sales process forward to the next step.

> *Commitment Objective: A goal that we set for ourselves to gain agreement from the customer that moves the sales process forward.*

"Our principal mission as salespeople is to get customers to commit," Joe said forcefully. "That's what we get paid to do. That's the only reason we have jobs. If we're not planning for the customer to commit to something, we're not planning to do our job."

What distinguishes a *Commitment Objective* from the salesperson's other objectives is an agreement from the customer, Joe explained. A sales rep may have any number of goals or objectives for a client call, many of them excellent and even vital:

to learn about the customer's business, to discover who the competitors are, to figure out who makes the real buying decisions for the customer's organization, to learn if funds are available for the purchase, and so forth. But none of those goals can be the primary reason for making a sales call because they do not require a commitment from the customer that will move the process forward.

"When you originally phoned Bob Howell to arrange this morning's appointment," Joe said, "you had a clear Commitment Objective in mind: You wanted him to agree to meet with you. And he did. He committed to a real, live meeting at a particular time on a particular day—9 a.m. today. So far, so good. You achieved your Commitment Objective for that phone call. And the process moved forward.

"But where was that clarity this morning when you walked into the meeting you'd succeeded in scheduling?" Joe asked. "This time you had no Commitment Objective. So you wound up leaving behind some brochures you could have mailed to him. And having given him reason to believe that scheduling appointments with you is a waste of time, you 'guess' your next step will be to call for another appointment."

Matt thought about it. Then he muttered an expletive that will not be repeated here.

"Don't beat yourself up too much," Joe said. "Yes, it's a dumb mistake, but it's the most common mistake in selling. That's what I meant about professionalism being a rare thing in sales despite all the people who sell for a living."

Matt leaned back in his chair, scenes of past client calls playing in his mind. *Where would I be today if someone had told me this nine years ago?* At that moment it occurred to Matt that Action Selling was not just one more garden-variety sales program.

"For every interaction with a customer," Joe said, stressing each word, "you must have a clear Commitment Objective firmly in mind. The Commitment Objective always comes first. No Commitment Objective, no sales call—period. Now, when you call Bob Howell for another appointment, what will your Commitment Objective be?"

"Easy," Matt said, brightening. "I want him to agree to let me present a proposal detailing the advantages we offer and what his investment would be. And I want to do it in a meeting where other decision-makers in his company are present—ideally, everyone who'd have a say in the buying decision."

"OK…that's a clear Commitment Objective," Joe said. He hesitated, as if about to argue some point, then evidently decided to swallow his reservations for the moment. "But if you'd thought about it beforehand, that actually would have been your Commitment Objective for this morning's call, wouldn't it? So when Howell told you he had to go to another meeting, you'd have been prepared to say something

> *"No Commitment Objective, no sales call – period."*

like: 'As a next step, I'd like to present a proposal detailing our offering and the investment involved. Could we schedule something for next week?' If you'd done that, you might already be at the spot you're now hoping to reach as a result of your *next* call. But since you didn't have that Commitment Objective in mind, you weren't prepared, the process failed to move forward, and the opportunity most likely blew away."

Matt muttered the same expletive.

Joe grinned. "I'll say it one more time: Every sale is a series of steps, a progression of milestones. And every milestone demands a Commitment Objective."

Joe pulled a pad out of his briefcase and began to sketch. "For most companies, including ours," he said, "some major milestones in the cycle will look like this." He drew the diagram, and handed it to Matt.

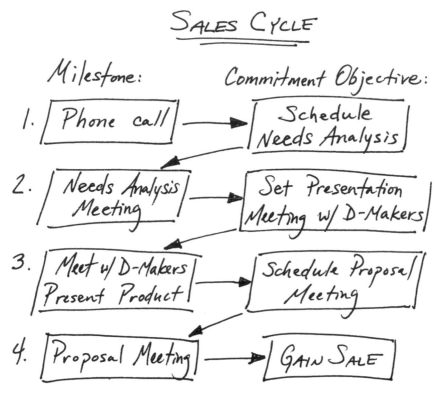

SALES CYCLE

Milestone:	Commitment Objective:
1. Phone call	Schedule Needs Analysis
2. Needs Analysis Meeting	Set Presentation Meeting w/ D-Makers
3. Meet w/ D-Makers Present Product	Schedule Proposal Meeting
4. Proposal Meeting	GAIN SALE

Matt studied the diagram. "This is pretty much what I already do," he said, "though I admit I never thought of it in terms of

Commitment Objectives. But out in the field, you know, it isn't nearly as simple as your chart makes it look."

"What parts do you find difficult?" Joe asked.

"Well, hell, all of it," Matt said. "Take the jump from the presentation meeting, where I first speak to all the decision makers, to the proposal meeting. In the real world, after I present our offerings to the decision-makers, they won't immediately agree to listen to a formal proposal. They'll want to talk it over, they'll want to consider competitors, they'll give me the old song and dance about how their company is unique—solutions that work for everyone else on earth won't work for them. They'll have a dozen reasons why they aren't ready to listen to a formal proposal.

"Don't get me wrong," Matt hastened to add. "I can see where establishing Commitment Objectives up front would speed up the cycle. You're right about Bob Howell; I could be further along right now if I'd set a Commitment Objective for this morning's meeting. I'm still kicking myself about that. I'm just saying that the sales cycle will still be a tough nut to crack, regardless."

Joe sipped his coffee and considered this. "Okay, two things," he said finally. "First, defining the milestones in the sales

> *You can shave 25% off your sell cycle time with a Commitment Objective.*

cycle and setting Commitment Objectives for them will speed things up even more than you think. I've found that this alone can shave 25 percent off your sell-cycle time. That's like giving you an extra three months of selling time every year."

Matt's eyes widened.

"That's a fact," Joe said. "But here's the second thing. What you're really telling me about why the cycle takes so long is this: Even after you've done a needs analysis with the client in your first meeting, a lot of issues arise later that you haven't heard about. Is that right?"

"Well, yes, more or less," Matt agreed uncomfortably.

"Where was the needs analysis in this morning's meeting with Bob Howell?"

Matt's confusion showed.

"Remember when I said you *thought* it was terrific that Howell gave you an opening to go straight into your product presentation and skip the chit-chat?" Joe asked.

Matt nodded warily.

"And do you remember that I hesitated when you first mentioned your Commitment Objective for the next meeting with

> *If you skip vital Acts early on in the sales process, you will pay for it later.*

Howell—the proposal meeting you want to schedule, where you tell him what his investment will be?"

Matt remembered, all right. *Yes*, he thought, *there was that uncomfortable moment when you seemed to want to tell me that a proposal meeting was a foolish Commitment Objective for my next appointment with Howell.*

"Those are two faces of the same mistake," Joe said. "Namely, you're skipping vital acts in the sales process. I don't think you're ready to present a good proposal to Howell or to talk price because you don't know enough about his situation or his problems. And the reason you don't is because you didn't ask him about his problems. You let him push you into selling your company and your product before you could analyze his needs— before you could find out what really *is* unique about his company, at least in his perception. If you don't uncover those things in the early going, *of course* they'll come back and bite you later. They'll gum up the process somewhere further down the line, like after you present your proposal to the decision-makers.

"Any chance that's another reason why your sales cycle might seem long and difficult?" Joe concluded.

By this time, visions of unemployment were dancing in Matt's head. Replaying the morning's call on Bob Howell, he realized he really hadn't done any needs analysis to speak of. *I know better than that*, he thought. *Why did I do it?*

Again, Joe seemed to read Matt's mind. "This is another common mistake," he said. "You've worked on your product presentation, you're good at delivering it, and the temptation is to launch into it as soon as the client gives you an opportunity. The trouble is, that puts you out of sync with the predetermined order of the customer's buying decisions."

"Yes, you mentioned those before," Matt said.

"Here's another way to tell you everything I just said," Joe went on. "In Action Selling's terms, your mistake was to let Howell push you into selling your product before you could sell yourself. In fact, he won't buy your product until he 'buys' your company, and he won't buy your company until he 'buys' you— the salesperson."

Matt decided he needed more coffee—or maybe something stronger.

"Don't panic," Joe laughed, seeing Matt's expression. "I told you there are nine acts in the Action Selling process. We've just covered Act 1. Establishing a Commitment Objective takes place before the curtain rises on the actual drama—before the interaction with the client begins. In Act 2, we actually walk onto the stage. Which means it's time to give you the big picture."

From his briefcase, Joe pulled a laminated sheet and placed it on the table. Matt saw only that it showed a colorful diagram of some sort. Then Joe reached again for his pad and began to draw.

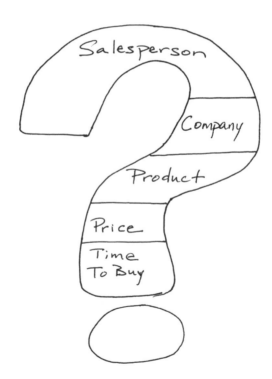

Act 2 PEOPLE SKILLS

You can't sell the product
before you sell yourself.

When Joe finished his drawing and turned it around, Matt saw a big question mark divided into five sections. These, Joe explained, are the five buying decisions every customer makes in the course of any major purchase.

"The critical thing to understand," he said, "is that these decisions are made in a predetermined order."

Action Selling, Joe explained, is a process that follows the same sequence by which the buyer ultimately decides to do business with you. This allows customers to make commitments in a manner that is most natural and comfortable for *them*, thereby increasing the salesperson's effectiveness.

Here is how Joe described the progression:

First the buyer makes a decision about the *salesperson*. The verdict hinges on questions such as: Do I like you? Do I trust you? Are you honest, credible, and knowledgeable?

Second, the buyer considers the salesperson's *company*: Is your company a good match for mine? Is it known for the kinds of things I expect from a supplier? Are your policies acceptable?

The third decision is about the *product*: Which of my problems will it solve? Will it create any new opportunities? Does it match my needs? How does its quality stack up against the competition?

Fourth, the buyer considers *price*: Is it a good value compared with competitive offerings? What must I invest—in terms of money, time, training, and hassle—to gain the benefits I want from the product? Is it worth the investment?

The fifth and final decision concerns the *time to buy*: How soon do I need to make up my mind? When do I need the results that the product will deliver? Should I stall?

The Five Buying Decisions are made in a predetermined order.

"Burn this in your memory," Joe said. "All five of those decisions take place in the course of any major purchase. They are always made in the same sequence. And your job as a sales professional is to help the buyer make them in the proper sequence. If you get out of sync with the customer's natural decision-making process, as you did with Bob

Howell when you leapfrogged straight to the product decision, you'll probably lose the sale."

Joe waved away Matt's look of chagrin. "I'm not trying to flog you about it," he said. "Maybe you can recover with Howell, maybe not. But that was a classic example, so remember it.

"Now," Joe said, moving on, "what do you notice about the size of the segments in that question mark?"

"The part devoted to the first buying decision, about the salesperson, is bigger than the rest," Matt answered.

"Right," Joe said. "The decision about the salesperson is crucial because it lays the groundwork for everything that follows. Three entire acts of the Action Selling process are devoted to the customer's first buying decision—which is whether to buy *you*."

•All Five Buying Decisions take place in a major purchase.

•They are made in sequence.

•Your presentation must match the sequence of the Buyer's Decision.

With that, Joe picked up the laminated page he had pulled from his briefcase, revealing a diagram that modeled the Action Selling process. It showed how the "nine acts of a sale" correspond to the customer's five buying decisions.

Matt studied the model. "What I really failed to do with Howell was to 'Agree on Need,' right?" he asked. "I see that comes in Act 4. I skipped straight to Acts 5 and 6 by starting my pitch about the company and the product. That's where I went wrong?"

"Yes and no," Joe replied. "Yes, Act 4 is hugely important. The moment when you agree on the client's need is the first major climax of this drama; in the early going, that's what the action is building toward. But no, you didn't skip only Act 4. Because you can't get to Act 4 unless you work skillfully through Acts 2 and 3."

Matt didn't quite roll his eyes, but glancing at the titles of those two acts, he allowed a bit of impatience to show. *Sure*, he thought, *every salesperson needs 'people skills,' and since you have to ask some questions to uncover the customer's needs, I guess you might as well ask the 'best' ones. But I already know that. I may have screwed up with Howell, but that doesn't mean I'm an idiot.*

"Disregard Acts 2 and 3 at your peril," Joe warned, as if anticipating Matt's objection. "When you 'agree on need' with a customer, what you're really doing is confirming that both you and the customer understand his actual needs—the problems the client actually has and wants to solve. Sometimes you can be an enormous help to a customer just by helping him talk through the situation and clarify the problem in his own mind.

"But, Matt, you flatly cannot do any of that unless you 'Ask the Best Questions' in Act 3. And the customer won't let you Ask the Best Questions unless you establish rapport in Act 2—which is where 'people skills' first come into play," Joe concluded.

"All right," Matt said, "tell me about people skills."

So Joe did.

"Think of the challenge as one of developing a 'sales relationship,'" he began. "It is extremely difficult to gain a

The Action Selling Process

PROFESSIONAL GROWTH

THE 5 BUYING DECISIONS

- SALESPERSON
- COMPANY
- PRODUCT
- COST
- TIME TO BUY

THE 9 ACTS OF A SALE

PLAN TO WIN

1 COMMITMENT OBJECTIVE

2 PEOPLE SKILLS

3 ASK THE BEST QUESTIONS

4 AGREE ON NEED

5 SELL THE COMPANY

6 SELL THE PRODUCT

7 ASK FOR COMMITMENT

8 CONFIRM THE SALE

9 REPLAY THE CALL

Action Selling

Ask The Best Questions Map

YOUR POSITION

Competition
- Who is it?
- Likes/Dislikes
- Ahead or behind?

Time Frame
- Level of urgency

Buying Influences
- Who makes decision?
- Who impacts decision?
- Who is affected?
- How is decision made?

Commitment Objective
- Same or change

RAPPORT AND INTEREST

Customer (Personal)
- Interests
- Responsibilities
- History

Customer's Company
- What they do
- What's changing
- Reputation
- Strengths

YOUR CUSTOMER'S POSITION

Need
- Problems to solve
- Opportunities

Company Issues
- How do they win?
- Save/Make money?
- Be competitive?

Personal Issues
- How does he/she win?
- Objectives
- Attitudes

Money Issues
- Budget
- Justification

DIFFERENTIATE
- You
- Your Company
- Your Product/Service

commitment from a customer that is greater than the size of the relationship you have established. Action Selling teaches that if you're after a $50,000 commitment, you'd better have created a $50,000 relationship with the customer. Action Selling also says that whenever the size of the commitment you want from the buyer becomes greater than the size of the relationship you've developed, that's the point where you'll begin to see resistance from the customer.

"A client will almost never come right out and tell a salesperson, 'I'm not going to buy from you because I don't like you or I don't trust you,'" Joe said. "But it happens all the time

> *To gain a $50,000 commitment, you need a $50,000 relationship.*

with major sales. If you're asking me to spend thousands of dollars, or maybe to risk my reputation by bringing in your products or services, you simply cannot be someone I don't like or trust. Before you can sell me your product, I have to be sold on you.

"You've heard about all the research showing that customers tend to buy based on their emotions and then sort of back up mentally to justify their decisions based on logic or reason?" Joe asked.

Matt had.

That research has it right, Joe assured him. Psychological studies also demonstrate that buyers are more easily influenced by people they like—and that first impressions are important. "So the question is, what can you do to be liked?"

Here Matt was on more familiar ground. "A lot of books and training programs on sales and interpersonal skills have that part down pretty well, I think," he answered, eager to score a few points. "Boiled down, their advice makes sense: Show a positive attitude. Be cheerful and friendly. Smile. Remember people's names. Compliment the customer and look for ways to make him feel important. Show a genuine interest in him. Be a good listener."

Joe nodded along with Matt's list. "All good tips," he agreed. "If you singled out one of those things as the most important, which would you say it was?"

Matt thought about it. "Positive attitude, maybe," he said. "That's awfully important in sales, to keep from becoming discouraged."

"A fair answer," said Joe. "But Action Selling would disagree, and so would I. I think the No. 1 'people skill' for a salesperson is being a good listener. Maybe I'm prejudiced, though, because I'm kind of fond of the idea that there's a *point* to everything that happens in this drama. And the point at this early stage is to reach agreement about the customer's needs—to get to Act 4. It's listening that allows you to do that."

"Okay," Matt smiled. "I'm all ears."

Joe smiled back. "The best listener I ever knew," he began, "was a salesperson named Christine."

Christine, it seemed, had worked for Joe at a computer-services company called Currentech. He had accompanied her on some client calls. Her secret was to ask open-ended questions and listen carefully to the answers, taking notes.

"Open-ended questions are some of the best tools a salesperson has," Joe said. That is, questions that call for the customer to explain and elaborate, as opposed to close-ended questions that can be answered with a simple yes or no.

"I remember an initial call Christine made to a client named Carol, who was a buyer for a wholesale-distribution company," Joe said.

In 10 minutes, he insisted, Christine learned more about Carol and her company than most salespeople would find out in three or four visits. How? Open-ended questions: How long had Carol been with the organization? (12 years.) What had changed most about the business in 12 years? How did Carol develop her personal knowledge of the industry? What were the most exciting opportunities her company faced right now? Who were its main competitors? How did her company differentiate itself from the competition? What were her department's current goals? What obstacles did she see in the way of reaching those goals?

"And here's the great thing," Joe said: "Christine refuses to be rushed into presenting Currentech's products and services until she has learned enough to know *how* to present them to this particular buyer. After they've talked a little while, building rapport, Carol says, 'Why don't you tell me a little about your company, Christine?'

"But Christine knows it's too early to present her company or her products. Action Selling has told her that if she does, she'll be out of sync with the buying decisions that Carol actually is going to make. And she's prepared. So what does she do?"

"She dodges the question somehow?" Matt guessed.

"Nope. She grabs the opportunity to start a more detailed needs analysis. When Carol says, 'Why don't you tell me about your company?' Christine's response goes something like this: 'We have a lot of experience handling the situation you seem to be facing. It would probably be best to pick up where we left off when we set up this meeting. Okay?'

"Well, sure, that's fine with Carol," Joe said. "So Christine says, 'You mentioned that you were interested in ways to improve your inventory tracking and your order-processing function. Tell me about that.'

Great listeners ask great questions, take careful notes, and then summarize what they have heard.

"And *that*," Joe said, "is the open-ended question that lets Christine begin to uncover the specific problems Carol wants to solve. Carol is looking for a way to streamline her order processing so she can reduce errors. She wants to manage her inventories better, get accurate reporting, and assure that she always has the right products in stock. She's also looking for guidance in how to select the best software.

"Since Christine has been taking careful notes, she's able to repeat all of this back to Carol to check her understanding. Carol is impressed. She actually comes out and says, 'You listen well, Christine.'"

"In other words," Matt interjected, "Action Selling would say that Carol has 'bought' the salesperson, and she's now more likely to buy the product. Right?"

"Exactly," Joe said. "But there's more. What do you suppose was Christine's Commitment Objective for this call?"

"To get Carol to agree to another meeting where Christine would present a formal proposal?"

"Right," Joe said. "But the proposal that Christine presents to Carol isn't going to be a generic shotgun blast, just like her last dozen proposals, is it? She has found specific bulls-eyes to shoot at, so she'll go into that proposal meeting with a target rifle. Do you think she might avoid some of the difficulties you experience after your proposal meetings? The objections you didn't anticipate? The stalling? And the part you didn't mention, where you find out after it's too late that what they really wanted was 'X,' which you could have presented but, gee, nobody told you that—because you didn't ask—so instead you spent most of your time pitching 'Y'?"

Matt sat quietly, shaken by thoughts of proposals that had gone nowhere—and fearing for his future with the company. His biggest successes, he knew, had indeed come in situations when he understood the specifics of the client's situation and where the customer's precise pain was coming from.

"I *know* this," he finally said to Joe. "Believe it or not, I sometimes do conduct a real needs analysis with a client. So why don't I always do it? Why didn't I do it this morning with Bob Howell? I don't have a good answer. In too big a hurry to present the product and make the sale, I guess. But I see what you're saying: Hurrying early can mean stalling out later."

Joe regarded Matt with a friendlier expression, seeming to feel that now they were getting somewhere. "You must sell yourself before you can sell the product," he repeated. "The reason you've been doing that only sometimes instead of all the time is because you've been flying by the seat of your pants. You've had no system. You didn't know that the sequence of the customer's buying decisions is practically cast in stone, and that you *must* follow that sequence even when the customer invites you to jump ahead. Now you're learning. Like I said before: When you learn Action Selling, you're going to make a lot of money."

In other words, Matt thought, *maybe I can keep my job after all.* He grabbed both of their coffee cups and rose to go refill them. "Time to move on to Act 3?" he asked.

"Time for Act 3," Joe agreed. Once again he reached for his pad and began to draw.

ACT 3 QUESTIONS

HOW TO SELL	WHAT TO SELL

• COMPETITION	• NEEDS
	  - problems
	  - opportunities

• TIME FRAME	
• BUYING INFLUENCE	• ISSUES - company
• COMMITMENT OBJECTIVE	- personal - money

Act 3 ASK THE BEST QUESTIONS

It's not what you say.
It's what you ask.

When Matt returned to the table with fresh coffees, Joe tore the top page from his notepad and handed it to him. Matt saw a few simple notes arranged in two columns.

Joe sipped his coffee until Matt looked up from the page, as if to say, "Well...?"

"Whenever a professional salesperson engages with a prospect," Joe began, "the salesperson has two fundamental decisions to make: what to sell and how to sell it. You'd think the first decision—what to sell—would be obvious, wouldn't you?"

Matt nodded warily. "You sell your company's products or services—whatever it makes or does," he said. "Of course," he added quickly, "you have to find out *which* of your products and services the customer is likely to buy." *I think I got that one right,* he thought.

"Think about the Commitment Objectives we discussed," Joe said. "Sometimes we sell a product, but other times we sell an appointment or a meeting, don't we?"

Act 3 Questions:

•What to sell

•How to sell

Damn! Matt thought. *Missed another one!* He considered the question. Finally he took a long sip of coffee, smiled, and leaned back in his chair. "I didn't think about appointments as products, but I sell them all the time. I don't believe I've ever uncovered needs for an appointment, though. I'm focused on uncovering needs for my product. What would Action Selling say about that?"

Joe smiled back, but silently he wondered: N*ine years of making the same fundamental mistake. Matt appears open to changing his game, but is he flexible enough actually to make the changes? All I can do is invest some time and energy in him and see what happens.*

"Your Commitment Objective would drive the questioning process," Joe said aloud. "Here's what Action Selling has to say about finding out what to sell and how to sell: You do it by asking questions—the best questions. In fact, Action Selling says that two-thirds of the 'selling' you're going to do occurs right here in Act 3 of the sales drama. And you're going to do all that selling not by *telling* the customer about your products but by *asking* the customer about his situation."

Matt's eyes widened. *Two-thirds of the selling occurs before I ever present the product?* He thought. *I want Joe to understand that I'm interested in learning, but I don't want him to know how much I need to learn. I'm a veteran.* He began taking notes.

Joe explained that his handwritten chart was a partial depiction of a tool that Action Selling calls the Ask the Best Questions Map. He showed Matt the full map on the back of the laminated card he had given him earlier.

"Let's start with what Action Selling says about the first decision you have to make: *what* to sell," Joe said. He tapped his pen on the chart's right-hand column.

Here is what Joe told Matt:

Two-thirds of the selling occurs in Act 3.

"We live in a world where most products and services have become commodities. Whatever you're selling, chances are that other companies sell something very much like it. If you're peddling a commodity, the buyer has very little reason to choose between you and your competitors on any basis except one: price. For the salesperson, that's a loser's game.

"Action Selling says that the way to beat the game is to differentiate your offering by presenting it not just as another commodity but as a solution for a particular need—a remedy for the buyer's pain or a stepping stool that lets the buyer reach up and grab an opportunity. The salesperson who performs that differentiating process best is the one who wins.

"Asking the best questions," Joe explained, "means asking questions that uncover the best needs—the best targets to sell to. Think of these, he said, as *high-yield* needs: problems or opportunities facing the buyer that will let you differentiate yourself from the competition so that what you eventually present to the client is a solution and not a commodity.

"Care to guess where you'll find the highest-yield needs?" Joe asked. "The ones that will ultimately determine the prospect's buying decision? I'll give you a hint."

He reached across the table to his makeshift chart. In the "What to Sell' column, "Needs" were identified as Problems and Opportunities, as he had just explained. Under "Issues" he had written, "Company," "Personal," and "Money." Now Joe circled the word "Personal."

Matt stared at the chart. Then it hit him. "What's the client's personal stake in the issue? That's where the highest-yield needs are," he answered confidently.

Identifying "High Yield Needs" helps you differentiate.

"Wait, don't tell me," he said, as Joe began to nod. "The 'company' issues I'm looking for are about how my product can help the company solve a problem or grab an opportunity. That's very important. But the 'personal' issues are about the buyers themselves: How do *they* win if the problem is solved? How do *they* lose if it isn't? I need to figure out the buyer's personal stake in the problem or opportunity and position us as the solution."

"What buying decision will they be making at this point?"

Matt thought, *I'd better get this one right. I'm starting to gain some credibility.* He looked at the Action Selling process chart. "Well, we're still in Act 3, so that would be the salesperson decision, right?"

Joe clapped his hands slowly in applause. "Yes," he said. "And you're exactly right about looking into the buyer's personal stake in the issue to find the highest-yield needs. Now, here's how Action Selling suggests you drill down to find those high-yield needs."

Joe sketched a funnel on his notepad and began adding labels to its different sections.

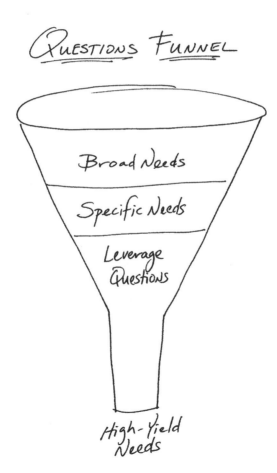

"You begin with a question designed to identify a broad or general need," Joe said, talking as he drew. "For instance, you might ask the prospect: 'If you look at your company's current situation, what would you say is the single biggest challenge you face?' The customer tells you about a problem or an opportunity.

Leverage Questions turn up the heat on an issue.

"Then," Joe continued, "you follow up with a question that uncovers specific needs: 'In your opinion, what's causing this problem?' The customer answers.

"So now you ask your third question—what Action Selling calls a 'Leverage' Question: 'What are the consequences to your company and to you personally if the problem isn't solved and the current situation drags on?'

"Leverage Questions are open-ended questions that uncover high-yield needs," Joe explained. "Good Leverage Questions can concern company needs, but the very best ones usually aim at revealing the buyer's personal needs: 'What's in it for me?' That raises the emotional heat under the issue. When the buyer's personal stake in a solution is clarified, the salesperson understands the need more clearly—and most often, so does the buyer. That usually means the buyer's sense of urgency will increase; that is, the buyer will perceive the need as more crucial and a solution as more important.

"In other words," Joe said, "Leverage Questions not only clarify the most urgent needs, they also make those needs even more urgent in the buyer's perception."

"That sounds great," Matt said. "I've been selling long enough to know what you mean about the emotional force behind 'What's in it for me?' I've seen it happen, and I believe it. But some customers don't want to let a salesperson probe this much. They want to hurry things along, just like they'll do when I'm trying to follow the right sequence of the five buying decisions. You know, the problem we talked about in Act 2, where I'm still trying to 'sell myself,' and they want me to talk about my products."

"Three things about that," Joe responded. "First, research shows that it's more important to customers that the salesperson understand their needs than that they understand the salesperson's products or services. Prospective customers have a strong need to feel understood. You'll be surprised how willing nearly all of them are to discuss their needs when you are genuinely interested.

"Here's the second thing," Joe continued. "You have to earn the right to ask more questions. Preface your questions with a logical reason why you're asking them. For instance: 'So I can recommend the best possible solution, I need to understand... and fill-in-the-blank.'

Best Questions Principles

- *Customers have a strong need to feel understood.*

- *You have to earn the right to ask questions.*

- *How you phrase questions is critical.*

"Finally," Joe said, "if you ask 'the best' questions" (he used his fingers to put quotes around "The Best"), "customers don't mind answering them. Questions that are poorly phrased or redundant, questions whose answers are patently obvious—those will end Act 3 abruptly. The customer who wants to rush you straight to the product or price decision is probably telling you that your questions suck."

Nuts, Matt thought. *He knows I've been asking "the wrong" questions.* Matt visualized himself drawing quotation marks around "The Wrong" with *his* fingers.

This time it was Joe who stood and gathered their coffee cups. "I'm switching to soda," he said. "More coffee for you?"

"No thanks. One of those bottles of water would be good though."

Joe returned with their drinks. "That's enough for now about questions that tell you *what* to sell," he said. "Let's go back and look at determining *how* to sell. I'll make it quick; we'd better go to the gate pretty soon to catch the plane."

Matt pointed obligingly to the "how to sell" column on Joe's chart. "Looks like I want to know about the competition I'm up against, the buyer's time frame, and the people who influence the buying decision," he said.

"Right," Joe said. *How to sell,* he explained, is a question of strategy. To develop that strategy, you need to uncover things such as who your competitors are (the perceived strengths and weaknesses of the other suppliers the buyer is considering) and the buyer's time frame (the urgency to make the purchase). You also must identify the buying influences. In business-to-business selling, that often means you must understand the politics of the customer's organization: Who will really make this buying decision? Who influences it? Who is affected by it? By what process will the decision actually be made?

"How do you discover all of that stuff?" Joe asked rhetorically. "By asking questions. The answers to what-to-sell and how-to-sell questions also will tell you if you have the right Commitment Objective for a call."

"Wait a minute!" Matt interrupted. "Suddenly I'm changing my Commitment Objective in the middle of a call?"

"Maybe," Joe replied. "After you gather Act 3 information, you make a decision: Is my Commitment Objective still the right one? For example, do I need to meet with other people in the buyer's company? Should I skip some of the sales milestones? Should I add milestones?"

Matt laid down his pen and notepad. "That makes a lot of sense," he said. "I know I've used this strategy, but I never had a process for doing it. This is good stuff, Joe." *I hope he has confidence in me,* Matt thought. *I really want to learn how to do Action Selling. I know I can do it, and I'll make more money, too, if he'll give me a chance.*

"A lot of salespeople don't sell strategically," Joe continued. "For instance, they're afraid to ask the buyer who else is competing to make this sale or who else is involved in the buying decision."

"Hey," Matt protested, "I've been there, and that's a real problem. I've seen buyers get downright huffy: 'Listen, buddy, I'm not going to tell you who your competition is!'"

"That can happen," Joe said, "if you haven't earned the right to ask the question or if you ask it the wrong way. Try phrasing it in a way that lets the buyer know it's in her interest as well as yours to give you the information: 'So I can zero in on the capabilities that would separate us from the competition, can you tell me who you're considering besides us?'"

They began to gather their belongings, preparing to leave the lounge. "Hold on," Joe said, as Matt was about to put away his pen and paper. "Since two-thirds of your selling occurs here in Act 3, this is the most crucial part of the sales drama. We've covered a lot of ground. Let me give you four key things to remember about asking the best questions."

Matt made notes of these four points:

1. "Asking the Best Questions" lets you establish that you're a good listener and that you're genuinely interested in helping the client find solutions to his needs. In Action Selling's terms, it helps you sell yourself. That's the customer's first buying decision.

2. It allows you to identify and clarify the best targets to aim at when you present your company and product—the needs that let you differentiate yourself from competitors by selling a solution, not a commodity.

3. It enables you to leverage the emotional side of the buying decision by further zeroing in on high-yield needs—the ones that have the greatest personal urgency to the client.

4. It allows you to sell strategically, and to adjust your Commitment Objective so that you can keep the process moving forward with the right people and at the right pace.

"Got it?" Joe asked.

"Got it," Matt said, pocketing his pen. "This is going to take some practice, though. I've got a call tomorrow morning in

Denver with a great new prospect. Maybe we can talk about how I might use Action Selling for that call."

"Sure," Joe said. "Let's go catch a plane."

He understands well enough, Joe thought as they walked toward the gate. *But will he use it? Or will he use it only when I'm observing his calls? I'll see the answer in his numbers.*

Act 4 AGREE ON NEED

Don't just be a solution.
Be the best solution.

Boarding for Flight 453 to Denver was already underway when Matt and Joe reached the departure gate. They found their adjoining seats in the first-class cabin and settled in, accepting bottled water from the flight attendant.

"Are we ready for Action Selling, Act 4?" Matt asked, as other passengers continued to shuffle past them down the aisle. "If I'm following correctly, agreeing on the client's need is the climax of everything that's happened in the drama so far. It's what Acts 2 and 3 were building up to. And if I performed well in those earlier acts, then Act 4 should be short and sweet."

"That's pretty much true," Joe said. "To 'Agree on Need,' you're going to say, 'As I understand it, you're looking for...' and then repeat back the most important

Agree on Need: 'As I understand it, you are looking for...(insert needs). Is that correct?'

things you've learned about the prospect's situation—the high-yield needs you uncovered through questioning. Then you say, 'Is that correct?' If the prospect says yes, you've agreed on needs, and Act 4 is over. Of course..." Joe paused.

"Of course, life isn't quite that simple?" Matt finished for him.

"Everything depends on whether you asked the best questions beforehand," Joe said. "There's a little more to it than we've talked about so far."

"I figured as much," Matt said. "But that's fine, because I'd like to work through the process with you in the context of an actual sales call. Can we do some game planning for how I'll use Action Selling when I call on my prospect tomorrow morning?" *Because I sure need some help*, he thought.

"Good idea," Joe said. "Tell me about the prospect."

Gary Iverson, Matt explained, is vice president of sales and marketing for Advanced Packaging Solutions Inc. APS, based in Denver, sells systems and materials used to package products for shipping. APS covers the western United States with a direct sales force of 60 people. Iverson is the ultimate decision-maker for purchases involving the sales and marketing functions.

Tomorrow's meeting would be Matt's second call on Iverson. Thanks in part to some research he did before his initial call

(Hear that, Joe? I actually do *research my clients!)*, Matt said he had learned quite a bit about the company.

"Basically, APS sells a packaging system to its corporate customers, then makes its real money selling the consumables the system uses," Matt said.

"What kind of consumables?" Joe asked.

"Things like tape, staples, adhesive, shrink wrap, strapping material—the packaging systems eat up that stuff."

"So they operate on the razor-blade theory," Joe said. "Sell the razor cheap, and make money selling the blades?"

Exactly, Matt agreed. And that strategy worked well for APS until a competitor began attacking its installed customer base with email offers for the consumables that APS' systems use. The competitor has a convenient Web-based ordering system that allows customers to buy online. APS' customers are finding that the competitor's consumables work just as well and cost 20 to 30 percent less.

"Iverson told me that he has to compete with these 'cutthroats,' but he doesn't want to undermine his direct sales force," Matt said. "Trouble is, he can't afford to pay his salespeople *and* meet the competition's price point. What he'd like to do is to counterattack the competitor's client base with a Web-based sales and marketing system that gets APS into the Internet business and leverages the use of his direct sales force at the same time."

Joe was impressed. *You've found the decision maker and you're near the heart of the problem,* he thought. *You must have done some pretty good Act 2 and Act 3 work in your first meeting to get this far. You have a lot of the skills, Matt. You just lack the strategy and the framework to capitalize on them. We'll make a professional salesperson out of you yet.*

The plane began to back away from the gate. Aloud, Joe said, "So, what's your Commitment Objective for tomorrow's meeting with Gary Iverson?"

Matt was ready for that one. "He's the sole decision-maker, so there's no point in trying to schedule a separate proposal meeting with some committee. I want to go all the way. My Commitment Objective is to close the sale. I want him to commit to buy."

"Well, it certainly sounds as if Iverson has some needs we could address," Joe said. "That *is* what you'll be looking for during tomorrow's appointment, right?"

"You mean, do I realize now that I have more Act 2 and Act 3 work to do before I ask him to buy?" Matt said sheepishly. "Yes, I do. I have to identify his *high-yield* needs—needs that let me differentiate my products and services from the competition so I can position them as solutions, not as commodities."

"And that presupposes, doesn't it, that of all the thousands of needs Iverson might have in his business, the particular needs you're looking for are the ones that our products can best address?" Joe asked.

"Well...sure, obviously," Matt said.

"No, not *obviously*," Joe said, "because those kinds of needs won't just pop out of the conversation. If they did, you'd be making more money already."

Ouch, Matt thought. He had time to stew about the comment as the plane began its takeoff run and roared into the sky.

When the engine noise returned to a tolerable level, Joe resumed the conversation. "In fact," he said, "the ideal high-yield needs for you to discover wouldn't just be those that allow you to present our product as a solution. They would be a combination of needs that cause the customer to perceive us as offering the *best* solution—maybe even the *only* solution. Doesn't that make sense?"

> *Whoever does the best job of uncovering needs for the strengths of their solution will WIN!*

"Yes," Matt agreed, afraid to add, *"of course."*

"You're always selling against your competitors," Joe said, "and in my experience, the salesperson who wins is the one who does the best job of uncovering needs that match the particular strengths of his product features, allowing him to present his products as a solution. Action Selling says that's how you persuade the customer that you offer the *best* solution.

"If you're going to uncover needs like that by questioning Iverson, you'll require a strategy, won't you," Joe continued. "A strategy that works better than whatever you're doing now."

Okay, I get the point, Matt thought. "I'll bet Action Selling has a strategy for me."

"Action Selling has a *great* strategy for you. It's called Back-Tracking Benefits."

When a salesperson is trying to identify a client's high-yield needs, Joe explained, the quantity of needs, as well as their quality, is important. Research shows that sales calls are significantly more successful when at least three high-yield needs are uncovered.

Back-Tracking Benefits: Uncover a minimum of three high-yield needs for your product.

The process that Action Selling calls Back-Tracking Benefits allows the salesperson to identify as many needs as possible. Even more importantly, it focuses the conversation on needs that relate directly to the features and benefits of the salesperson's products and services.

Joe opened his notebook on the seat's tray table and drew another diagram:

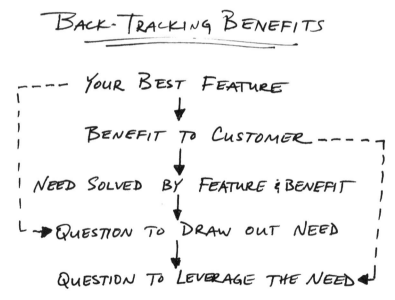

"You're familiar with the distinction between features and benefits?" Joe asked.

"Sure," Matt said, eager to make up lost ground. "Features are the attractive characteristics of your product or service: Your widgets are more durable than the competition's or you can deliver them faster—whatever. Benefits are the advantages that customers gain from those features: Because your products are durable, they don't have to be replaced as often, so customers save money and inconvenience. Because you can deliver them fast, they arrive exactly when customers need them, eliminating downtime."

"Good," Joe said, and pointed to his diagram. "To prepare for a sales call using Back-Tracking Benefits, start with your knowledge of your product's features and their likely benefits to the prospect. Determine what needs the customer might have for those features and benefits. Then prepare questions that let you drill down to uncover high-yield needs that could be served by those features and benefits."

Joe pointed to the dotted arrows on his diagram. "Your first question draws out a need for a feature of our product. The Leverage Question draws out a need for the benefit."

"Okay," Matt said. "So how do I Back-Track Benefits with Gary Iverson tomorrow?"

"Start with your product features," Joe said, tapping his pen at the top of the diagram. "You'll look at your strengths and go through the Back-Tracking Benefits process for each one. Let's do an example. What would you say is our product's best feature, and what benefit is likely to have the most appeal to a customer like Iverson?"

"Our strongest feature and benefit?" Matt said, glad to be back on familiar turf. He described it like this:

Feature: Our software, the All-In-One system, is an integrated solution that manages a company's entire sales and marketing process. It tracks and manages both Internet marketing and the activity of the direct sales force, turning them into a coordinated, seamless whole.

Benefit: Internet marketing efforts support the direct sales force instead of undermining it. And because our product does it all, the customer avoids the problems associated with combining several unrelated systems and dealing with multiple software suppliers.

"Very good," Joe said when Matt finished.

It ought to be, Matt thought. *I've been selling our software—or trying to—for six years. You'd expect me to know our features and benefits.*

"Now," Joe said, "if that is your most powerful feature, and your goal in Act 4 is to get Gary Iverson to agree on needs, what would be the ideal need to include in Act 4? What need could he agree on at this point that would allow you later on not only to present a solution, but to present us as the best solution?"

After a bit of back-and-forth with Joe, Matt concluded that the ideal need for his first feature would be this:

Need: Iverson wants a quick and painless way to solve his problem with the "cutthroat" competitor that is using the Internet to undercut APS' prices.

"All right," Joe said, "you have identified one of the needs you'd most like Iverson to agree on. Action Selling's Back-Tracking Benefits process is the strategy you're going to use to bring that need to the surface—along with at least two more—so that you and he *can* agree on them."

"In other words," Matt said, "if I ask the right questions to draw out the needs that are met by our strengths, and he agrees that, yes, those are his most important needs, then all I have to do is prove that our solution is the answer. And the deal will be mine."

"That's it," Joe said. "Now, let's work through this example. I'll take notes. The feature is…"

FEATURE: Complete, integrated product to handle Internet and direct sales.

BENEFIT: Avoid problems from multiple products from multiple vendors.

NEED: Wants an immediate solution to hit sales goals.

QUESTION(S): "How is the competitive situation you've described affecting your company's ability to achieve its sales goals?" "How soon would you like to have a solution in place?"

LEVERAGE: "Who is ultimately responsible for solving this?" "What are the consequences if you don't solve it quickly?"

Matt explained the feature. "We have a single, integrated solution that manages a company's whole sales and marketing process—Internet and direct sales both."

"And the likely benefit of that?"

"Because it's one system, installation is incredibly fast and easy. It's painless."

"And the real need that this feature and benefit will satisfy for the customer?" Joe asked, pointing to the third line of the Back-Tracking Benefits diagram. "The burning reason why Iverson and APS would want a fast and painless solution?"

Matt thought for a moment. "Probably because Iverson is under the gun to hit his annual sales targets, just like the rest of us. And he needs something to help him do that right away." (*Like me, at the moment.*)

Joe smiled, reading Matt's thought. (*You've got that right.*) He pointed to the next step shown on the diagram. "Okay, so if you're Back-Tracking Benefits with Iverson, what open-ended question would you ask to draw out that need?"

"Well, I'd ask him how this competitive situation he's dealing with is affecting his sales," Matt said. "Then I'd ask how soon he would like to see a solution in place."

"Suppose you hear that APS is, in fact, struggling to hit its sales goals and that Iverson wants a solution by yesterday," Joe said. "What question would you ask to leverage that need?"

Matt took only a few seconds. "I've got a couple of beauties: 'Who is ultimately responsible for solving this problem?' And when he tells me it's him, I'll ask, 'What are the consequences if you *don't* solve it quickly?'"

"That should get Gary Iverson emotionally involved in finding a solution, all right," Joe agreed.

Matt began making notes on his legal pad. "I get it," he said. "By analyzing our features and benefits, I'll determine the ideal outcome for Act 4 before I make the call. Then I aim my questions at that goal. I've got some homework to do tonight for tomorrow's meeting with Iverson."

"What's on your homework list so far?"

"Figure out some good Act 2 questions," Matt said, scribbling notes. "Plan how I'm going to Back-Track Benefits to surface at least two more high-yield needs I want Iverson to agree on... Contingency plan for where to take the questioning in case I'm wrong about where his high-yield needs will be... Some 'How-to-Sell' questions for Act 3 about the competition I'm facing, his time frame, and whether I'm right that there are no other significant buying influences... What to do if I have to change my Commitment Objective..."

Absorbed in his list, Matt forgot about trying to impress his new boss. He was just thinking out loud.

Joe was so pleased that he almost stopped listening. *Matt is beginning to see the light,* he thought, *and the light is coming from his wallet. He has figured out that this isn't just some new system he needs to learn in order to please me. I think he just realized that Action Selling is going to make him a lot of money.*

Act 5 SELL THE COMPANY

*Why are you a good match
for this customer?*

"**B**etter keep that writing pad handy," Joe said when Matt finished scribbling. "You've got a little more homework to do tonight."

"Yeah, I'm sure I do. But let me take stock of where I am in this drama," Matt said, looking again at the laminated sheet Joe had given him in the airport to illustrate the nine acts of the

*Acts 2, 3 and 4 sell
the salesperson.
During Act 5 you sell
your company.*

Action Selling process. "If I can get Iverson to agree on at least three high-yield needs that we can solve for him, then Act 4 is over. Also, I've done all I can to address his first major buying decision, which is whether to buy the salesperson. I'm finally done 'selling myself.'

"Let me rephrase that," he added quickly, as Joe was about to speak. "*Assuming* I did everything right in Acts 2, 3, and 4, Iverson has made the first of his five major buying decisions: He has bought *me*. So now we move on to Act 5: I sell my company. After that, I'll address his remaining buying decisions: product, price, and time-to-buy."

"Right," Joe said. "Now, when Action Selling says that the customer has 'bought' the salesperson, it means the customer is genuinely open to doing business with you. He perceives you as trustworthy, a good listener, and sincerely interested in solving his problems. Once you have agreed on his needs, you both can move ahead to his second major buying decision, which is whether to buy your company."

Matt nodded.

"Up to this point," Joe said, "you have done very little talking and a whole lot of listening. In Act 5, the salesperson moves to

In Act 5, your role changes. The salesperson does more of the talking.

center stage. Here's where *you* start to do more of the talking. You make that move easily and naturally with a simple transition question: 'How much do you know about my company?' After the customer answers, you say, 'Let me cover a couple of things that I think will be important to you.'"

Matt noted the phrases on his legal pad.

"When customers are deciding whether to 'buy your company,' they want to know three basic things," Joe said. With Matt looking on, he wrote those three things on a page of his notebook: What does it do? What is it known for? And are we a good match?

SELL YOUR COMPANY

WHAT DOES IT DO?
WHAT IS IT KNOWN FOR?
ARE WE A GOOD MATCH?

"Your company story is the main tool you have to position us in the marketplace relative to the competition," Joe said. "Since your competitors are always trying to *unsell* your company by telling *their* stories, yours has to be good."

Mine's good, Matt thought. *Go ahead, ask me.*

"The parts of your company story that answer the customer's first two questions can be pretty much standardized," Joe said. "What does it do, and what is it known for? Your explanation of those things won't change much, so you can rehearse your presentation and fine-tune it. For instance, I'll bet you have a 30-second 'elevator speech' that explains who we are and what we do."

"Yep," Matt said.

"Let's hear it."

Matt took a breath *(I'd better do this right),* and launched his rehearsed explanation: "We're Sales and Marketing Integration Inc., SMI for short. Our company has created a suite of software that seamlessly combines enterprise resource planning, known as ERP, with a customer-relationship management system, or CRM, for our client's direct sales force. That's a lot of acronyms, isn't it?" He smiled benignly, just as he did when using the line with strangers.

"I'll explain our business in plain English," Matt continued. "A lot of companies struggle when they try to capitalize on the advantages of Internet marketing without undercutting the historical strength of their direct sales force. The software they use to advertise and market and sell their products via the Internet won't communicate easily, if at all, with their CRM systems—the software that keeps track of customers, prospects, and the activity of the direct sales force. So the left hand doesn't know what the right hand is doing—at least, not without a lot of expensive, time-consuming integration work with software made by any number of different vendors.

"At SMI, we have built a complete and flexible system that lets companies do both things in harmony: manage and support the direct sales force, and handle everything from advertising to order-taking via the Internet."

"I like it," Joe said when Matt finished. "And I'll bet that if I asked, you could tell some good stories of projects you've done for particular clients—how you have helped them solve problems.

Those stories would be just about as polished as your elevator speech, wouldn't they?"

Most important question...

"Is your company a good match?"

Matt nodded confidently.

"Stories like that provide the answer to the customer's second question, 'What is your company known for?'" Joe said. "You address that one mainly by telling him what you've done for other clients. Which leaves the third and most important question: 'Are we a good match?'"

He paused and looked at Matt expectantly. *You know where I'm going here, don't you?*

Matt did. "That's the tricky one," he said. "To tell Iverson why we're a good match for his company, I'll need to improvise. I can't rely on a rehearsed presentation because a good answer will have to be aimed at the needs we agreed on in Act 4. I'll have to take into account the information about his company and his situation that I uncovered earlier."

"A little more game planning for tomorrow's meeting?" Joe asked.

"Please."

"All right, let's assume that tomorrow in Act 4 you reach agreement on that first ideal need you're aiming to uncover by Back-Tracking Benefits: Iverson wants a quick and painless way to solve his problem with the cutthroat competitor—the one that's using the Internet to undercut APS' prices."

"Okay," Matt said.

"Remind me," Joe said. "What was the reason you selected that as an ideal need in the first place?"

"Because our company provides a great solution for it."

"And which product feature makes SMI's solution so great?"

"We are a single source for a complete system to serve this customer's needs," Matt said.

"And a key benefit of that to the customer?"

Matt began to smile. "It's quick and painless. None of the hassles of dealing with multiple vendors."

"Wait a minute. This is amazing!" Joe exclaimed, feigning astonishment. "Do you mean to tell me that Iverson just agreed he needs a solution to a problem that is not only harming APS but threatening him personally, and your company happens to have a solution to that very problem? Is *that* what you're telling me?"

Matt laughed out loud. "This really is a drama, isn't it? In Action Selling, everything connects to everything else. And wait, the story gets even better: If Iverson really wants it to be quick and painless, we're the *best* solution to his problem."

" You'll have at least three High-Yield Needs to aim at in Act 5 and in Act 6."

"Well, Alleluia! It sounds to me as if SMI and APS might be a good match," Joe said. "How are you going to make that point to Iverson?"

Joe is loosening up, Matt thought. *Somewhere along the line, I think he decided I'm going to make the grade. Either that or the flight attendant slipped some tequila into his bottled water.*

He considered Joe's question. Then he turned and spoke as if Joe were Iverson: "You said you wanted to solve the problem with your cutthroat competitor by yesterday. My company, SMI, offers the only single-source software on the market that will allow you to combine and leverage your direct sales efforts with your Internet efforts. No integration necessary, no dealing with multiple vendors. We'll install everything you require. We'll train your people to use the system. As for support and service, we're the best in the industry. And you'll have the convenience of one main point of contact for any issues that arise. That individual will be someone you know personally, someone with a big stake in making sure your problems get solved. Namely, me. If you want a solution that's quick and painless, I think you'll find that we're it."

Yep, Joe thought. *I suspect Matt is going to make all of us more money.* Aloud, he said, "Good. And remember that you're going to find at least two more high-yield needs for Iverson to agree on in Act 4. That means you'll have at least three optional targets to shoot at here in Act 5, when you explain why our company is a good match for his. You'll also have multiple targets to aim at in Act 6, when you describe why our product represents the best solution for his needs."

"What we do…What we're known for…Why we're a good match," Matt said, jotting notes.

"Say," he said, toasting Joe with his water bottle, "I'm doing pretty well in my meeting with this Iverson guy, don't you think?"

Act 6 SELL THE PRODUCT

Death to the data dump.

The flight attendant served Joe an oriental chicken salad. Matt passed on the snack offered in first-class, since he would be home for dinner for a change.

"I've sold myself, and I've sold my company," Matt said. "Iverson ought to be ready to consider his third buying decision. So now I open Act 6 and sell my product, right?"

He paused. *Might as well bring this up before Joe does,* he thought. "You saw my product presentation this morning when I delivered it to Bob Howell. I'll bet Action Selling is going to tell me to do things a little differently."

"You'd win that bet," Joe said. "Matt, you obviously learned to sell the same way I was taught when I started out. We had a 'pitch book.' You use a PowerPoint presentation on your laptop, but it's the same bad idea: 'Indulge me, Mr. Prospect, while I walk you through these 6,000 screens of bulleted points that tell you everything you *never* wanted to know about my company and the 8 billion things we sell.' You *did* notice Howell's eyes starting to glaze over, didn't you?"

Salespeople are trained to think that two-thirds of their selling takes place in Act 6. In Action Selling, two-thirds of the selling occurs in Act 3.

"Yeah, I noticed," Matt said sheepishly. "To tell you the truth, if you hadn't been there, I'd have cut it off sooner than I did. For a long time I've felt there's something fundamentally wrong with that whole PowerPoint routine. But the marketing people put a lot of work into it, and we've been told to use it. You were my new boss, straight from corporate headquarters…"

"I know what you're saying," Joe interrupted. "That policy changes, of course, starting now. But there's another reason why you keep droning on with your product pitch until the customer wishes you'd go away and leave him alone, isn't there? You've never known what to do instead."

"Sad but true," Matt admitted.

"It drives me nuts," Joe said. "Salespeople are trained to think that two-thirds of their selling takes place in Act 6, when they describe their product features and benefits. That leads to a classic data dump like the one you dumped on Bob Howell. I call it 'show up and throw up.' You shotgun the poor guy with product information until his ears bleed, blabbing away in the hope that eventually something you say will strike a chord. Like I told you before, in Action Selling two-thirds of the selling you do occurs in Act 3, when you Ask the Best Questions and Back-Track Benefits to uncover high-yield needs—and when you listen a lot more than you talk."

"But now, when I present my product features and benefits in Act 6, I can use a target rifle instead of a shotgun," Matt said, picking up the thread. "Instead of boring the customer with a data dump, I aim at the needs we've already agreed on and explain how particular features and benefits will best serve those needs. That should be pretty easy to do, since I uncovered the needs in the first place by Back-Tracking Benefits derived from my own product features."

"That's the idea," Joe said casually.

"That's a *great* idea," Matt protested, as if Joe failed to appreciate Action Selling sufficiently.

I believe this is what you call 'taking ownership,' Joe thought with a hint of a smile.

"Tell me how Act 6 works," Matt said.

"How do you sell a solution instead of just a product?" Joe began. "You demonstrate the tie between the needs you agreed upon in Act 4 and the results the customer will achieve with your product. To do that, Action Selling recommends a straightforward process called TFBR."

Joe drew a simple figure to illustrate.

T_{IE}-BACK — Connect to an agreed-upon need.
FEATURE — What is it?
BENEFIT — What will it do for the customer?
REACTION — How does the customer perceive this as a solution?

"The TFBR process goes quickly, and you repeat it for each need the client agreed to in Act 4," Joe said. "Save the need you think will be most important for last, so you can end on a high note."

He explained TFBR like this:

Repeat the TFBR process for each need. Save the most important one for last.

First, *Tie-back* the conversation to a need agreed upon earlier. Remind the customer of that need: "You mentioned that you were concerned about X..." "You said your company was trying to do Y..."

Then present the product *Feature* that relates to the need. This is the feature you were thinking of when you began the Back-Tracking Benefits process that allowed you to uncover the need to begin with.

Explain the *Benefit* of the feature in terms that correspond to the customer's need. How will the customer be better off with your solution?

Finally, ask a *Reaction* question that lets the customer tell you whether you've hit the target: How do you see this working in your situation? When would this be most useful? Who in your company might benefit most from this?

"The reaction question is important for at least three reasons," Joe said. "It confirms that you're both on the same page about the tie between your product and the customer's need. It allows the customer to cement in his own mind how your offering is a solution to his problem—instead of just listening to you *tell* him why it's a solution. And third, it keeps the customer involved in the product conversation. You'll do most of the talking in Acts 5 and 6, but you don't want to do all of it. Reaction questions help prevent this from turning into a monologue, with you speaking and the customer's mind wandering."

Matt took several seconds to finish jotting notes. "That's it?" he asked.

"One more thing," Joe said. "You'll have agreed in Act 4 on at least three high-yield needs. I already told you that in Act 6 you should save the most important need for last. But you also should keep a product feature in reserve

Keep a TFBR in reserve in case you hear a stall when you ask for commitment.

as extra ammunition. You might need an additional TFBR later, in Act 7, in case you run into a stall when you ask for commitment."

"I knew it!" Matt exclaimed happily. "Action Selling is going to give me a way to handle stalls and objections that actually makes sense, isn't it. That will be a first. I love this system!"

"I have strong feelings for it too," Joe deadpanned. "But first tell me how you're going to handle Act 6 with Gary Iverson tomorrow. You've already identified one ideal high-yield need you think he'll agree to—a quick and painless way to achieve software integration. What's your second ideal need? And assuming he agrees to it, how will you work it into a TFBR dialogue?"

Matt gathered his thoughts. "Gary," he began, looking at Joe, "you said you need a way to solve your problem with this cutthroat competitor that is using the Internet to undercut APS' prices. At the same time, you want to leverage the strength of your direct sales operations. Our All-In-One system is fully integrated to manage a company's entire sales and marketing process. It allows you to handle Internet marketing *and* manage the activity of the direct sales force, turning them into a seamless whole.

"That's the tie-back and the feature," Matt said in a stage whisper to Joe.

"What that means," he continued, "is that Internet marketing efforts support the direct sales force instead of undermining it. You'll simultaneously cut marketing costs and improve communications with your sales force. How do you see that working in your situation?"

"Yes, that's how TFBR works," Joe said. "Iverson reacts to the question. You repeat the process with at least two more needs and the features that correspond to them, saving the most important for last. And you keep a product feature in reserve in case you need another TFBR later."

Joe finished his salad. "So," he said, swallowing his last bite, "how do you suppose Act 6 ends?"

"I ask for his business?" Matt guessed.

"Nope," Joe said. "You end Act 6 with a question — a close-ended one. You ask the customer, 'Do you have any questions?'

"Considering what we know about the order of the customer's five buying decisions," Joe continued, "what question is the customer most likely to ask at this point? What is Iverson probably going to say?"

Matt looked at the Action Selling Process card Joe had given him. "How much is it?" he replied. "Iverson will ask about the price."

"Bingo," Joe said. He drew another little diagram.

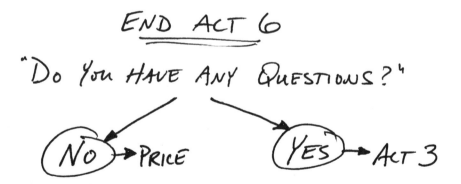

"If the customer asks about the price at this point, you should be delighted," Joe said. "It means you and he are exactly in sync with regard to his buying decisions. You can move straight to Act 7, where you'll quote a price and ask for commitment."

"And if he doesn't ask about the price?" Matt said.

"Sometimes when you ask, 'Do you have any questions?' a customer says no," Joe said. "In that case, you just say, 'I'll bet you're wondering what your investment might be?' Sure enough, the customer will admit that's what he was wondering about. Which, again, moves you to Act 7. And by the way, Action Selling recommends that you always use the word 'investment,' not 'cost.' Investment sounds more positive."

"Okay," Matt said, "but what if Iverson asks a question that isn't about price? What if he raises a new point about the product or our service?"

"If that happens, remember what you learned in Act 3," Joe said. "Answer his question with a question. Find out what's behind this new concern. Don't get bushwhacked by responding too soon to a simple-sounding question with a deal-killing worry behind it. Fall back on your listening skills. Maybe there's a new high-yield need for you to uncover."

"I just jump back to Act 3," Matt nodded.

"As often as necessary," Joe said. "And after you deal with each question that *isn't* about price, you ask, 'Do you have any other questions?' When you hit the one about what the customer's investment will be, Act 6 is over."

"Meaning the time has come to achieve my Commitment Objective and make this sale?"

"You figure you're ready?" Joe asked.

"Let's do it."

Act 7ASK FOR COMMITMENT

*Don't leave a call
without it.*

M att glanced out the window at the mountainous terrain passing slowly below. The plane's scheduled arrival in Denver was half an hour away. *Quick flight*, he thought. *Or maybe it just seems that way because I've learned more about selling on this plane than I did in nine years on the job.*

62% of all salespeople don't close.

"What do you think?" he asked Joe. "Are we ready to close this sale?"

"Action Selling calls it 'gaining commitment,'" Joe said. "Depending on your Commitment Objective for any given call, that can mean a number of things—scheduling a proposal meeting with a group of decision-makers, for instance. Regardless, when you get to Act 7 you've reached the heart of every salesperson's primary mission. Remember what that is?"

"To gain commitment from others," Matt said, repeating what he'd learned in Act 1. "Since my Commitment Objective for tomorrow's call is to get Iverson to agree to buy our software, that's the commitment I'm after."

"To get it, you'll have to ask for it," Joe said. "It's amazing how many so-called salespeople don't. One study found that 62 percent of all salespeople fail to ask for commitment when completing a call. They present their product, they quote a price, the client says something like, 'I'll think it over and get back to you,' or 'Can I keep the brochures for a few days?' and these comedians say, 'Gee, sure, here's my card, thanks for your time, bye.' They're strictly amateurs, no matter how long they've been selling for a living."

Let's not go there again, Matt thought, cringing at the memory of how he'd patted himself on the back that morning after leaving his brochures with Bob Howell.

"In my experience," Joe said, "every time you leave a call without gaining commitment, your chances of getting a commitment *later* drop by at least 50 percent."

Matt just nodded an acknowledgment. In his mind, however, he was banging his head on his tray table, visualizing all the chances he had let slip away.

"There are three main reasons why most salespeople don't ask for commitment," Joe said. "They don't plan for it, they have no procedure for it, and they miss opportunities for it."

"Since Action Selling begins with a Commitment Objective for every call, from now on I'll always have a plan," Matt said. "I assume you're going to give me a procedure. What about missed opportunities?"

Three reasons why salespeople don't close:

1. No Plan
2. No Procedure
3. Missed Opportunities

"An opportunity is a buying signal you get from a customer just before or just after you quote a price: 'This looks good.' 'How much is it?' 'What are your terms?' 'What's the next step?' Be alert for those buying signals. Whenever you hear one, provided it comes just before or after you quote price, ask for commitment. And after you've talked price, you must *always* ask for commitment."

"Okay," Matt said, "what is Action Selling's procedure for asking for commitment?"

"First, here's what *not* to do," Joe said. "Never try to pressure, manipulate, trap or trick the customer into buying. This is not the time to throw away the trust and momentum you've built by whipping out some cute gimmick." He let a sly, smirking expression steal over his face: "'Those are all the reasons to buy my product, Mr. Wright. Can you think of any reason *not* to buy it?'

"Customers have seen that kind of junk before," Joe said, resuming his normal tone. "They're wary of being manipulated."

"You're preaching to the converted," Matt said. "I've tried a few of those gimmicks over the years. There's no faster way to

> *Never try to pressure, manipulate, trap or trick the customer into buying.*

get thrown out of a client's office. What does Action Selling want me to do instead?"

"Three simple and straightforward steps that bring the conversation to a logical conclusion," Joe said. He drew them on his notepad.

ASK FOR COMMITMENT

1. SUMMARIZE - Features & Quote price

2. ASK - "How does that sound?"

(Positive) ← → (negative)

3. ASK - "Would you like to go ahead with this?"

RETURN TO ACT 3
Ask questions

"Step 1," Joe said, pointing to his drawing: "Summarize the product features that the client liked—the TFBRs from Act 6— and quote the price. Step 2: Ask, 'How does that sound?'"

Matt made a note.

70

"The customer will give you either a positive response or a negative one," Joe continued. "A positive response is a buying signal: 'Sounds good,' or whatever. So you proceed to Step 3 and ask for commitment. Action Selling recommends that you use the phrase, 'Would you like to go ahead with this?' And here's an important point: After you ask that question, don't say anything else. Be patient, and wait for the customer to respond. If you speak first, you'll lose."

Matt made another note.

"If the answer is yes," Joe said, "you've got your commitment, and Act 7 is over. The customer has made the final buying decision, which is 'Time to Buy.' If you have played out the previous acts in the drama completely, you have an excellent chance of gaining commitment the first time you ask for it."

"Great," Matt said. "But what if I get a negative response?"

The flight attendant interrupted with an announcement that the plane was beginning its descent into the Denver area. Joe waited for her to finish.

"If you ask for commitment and don't get it, what you'll get instead will be either a stall or an objection," he said.

"Handling those has always been the toughest part of my job," Matt admitted. "This is the point where every other sales system I know sort of kicks me outside the boundaries of the process and says, 'Here are some gimmicks to fall back on.' How does Action Selling want me to deal with stalls and objections?"

"To begin with, stop thinking of them as different names for the same thing," Joe replied. "Action Selling says that stalls and objections are two entirely different animals, and they call for

> ### A stall means the customer is not quite sold yet but has no specific reason.

different strategies. A stall means the customer is not quite sold yet but has no specific reason for not buying. 'I want to think it over.' 'Why don't you call me next week?' 'Let me kick it around with the staff and I'll get back to you.' When you hear something like that, you're listening to a stall.

"An objection arises," Joe continued, "when you hear a specific reason why the prospect isn't ready to buy from you yet. Objections always tie to one of the customer's five buying decisions. When prospects challenge you on the price or say they want to meet with your competitor or question whether they really need your product to solve their problem—those are objections."

"Good distinction," Matt said, after thinking about it briefly.

"If you ask for commitment and don't get a 'yes,' most of the time the first negative response you get will be a stall," Joe said.

> ### With an objection, the customer has a specific reason for not buying yet.

Sounds right, Matt thought, considering his past experience. "Okay, how do I deal with stalls?"

"Never challenge a stall," Joe warned. "Since the customer has given you no specific reason for stalling, there's nothing to challenge. If you argue or get defensive, the customer will feel pressured to *invent* a reason not to buy. So no pressure, no challenge, no argument."

"Instead, I do what?" Matt asked.

Never challenge a stall. "Instead, you do exactly what the customer is asking you to do. A stall means, 'I'm not sold yet; sell me a little more.' So for crying out loud, sell a little more. Remember the product feature you saved in Act 6? The one you held back so you could use it as an extra TFBR if you needed it?"

"Tie-back, feature, benefit, reaction—TFBR. Sure, I remember," Matt said.

"Well, now you need it," Joe said. "Here's how to handle a stall." He sketched a quick diagram.

HANDLING STALLS

SAY: "I understand."

REVIEW: Restate features the customer liked.

ACT 6: Add new TFBR.

ACT 7: Ask for commitment.

"Imagine you've reached Act 7 with Gary Iverson tomorrow," Joe said. "You ask for commitment. You hear a stall—he wants to think it over, he wants you to get back to him after Christmas or after the Kentucky Derby or whatever. You don't challenge the stall. You just say, 'I understand, Gary.' Then you briefly restate the TFBRs from Act 6 that he agreed were appealing: 'You liked the fact that our All-In-One system allows you to leverage the strengths of your direct sales force with Internet marketing.' And so on.

When you ask for commitment the second time and don't gain it, what you will hear is almost certainly an objection.

"Then," Joe said, "you bring in a new TFBR—one you held in reserve. It's a good idea to keep a standard company or product feature in your hip pocket that you can always pull out to deal with stalls. In our case, for instance, All-In-One's two-year performance guarantee comes to mind."

"I get it," Matt said: "After I review the TFBRs he liked, I step back into Act 6 and give him one more: 'Gary, in addition to the capabilities we've covered, our All-In-One system comes with the best performance guarantee in the industry. If, for any reason, the software fails to perform up to specs for two full years, we'll fix it for free. The longest warranty you'll get from anyone else is 90 days. So there's really no risk for you.'"

"Exactly," Joe said. "And don't forget the 'R' in TFBR. Ask for his reaction: 'How do you see that helping in your situation?' Then you ask for commitment again."

Joe paused. "Notice how far ahead of the game you are at this point?" he said. "If 62 percent of salespeople fail to ask for commitment even once, how many do you suppose ask twice?"

"But what if Iverson doesn't say yes this time?" Matt asked.

"Again, a negative response will be either a stall or an objection," Joe said. "As I mentioned, if you ask for commitment the first time and don't get it, most often you'll

Action Selling defines an objection as a customer's response to an unasked question.

hear a stall. If you handle the stall with a new TFBR and fail to get commitment the second time, the odds are almost certain that you'll hear an objection: They don't like the price, they're loyal to their current supplier, they don't really need your product until next year, they're just not sure it's a good match for them."

"You say that as if a specific objection is a good thing," Matt observed.

Joe shrugged. "Objections can be dealt with," he said matter-of-factly. "In fact, they *must* be dealt with. Ask me how Action Selling defines an objection."

"I'll bite. How does Action Selling define an objection?"

"Action Selling defines an objection as a customer's response to an unasked question," Joe said. "Every objection you'll ever hear will relate to one of the customer's five buying decisions. And all of the objections you hear *could* have been uncovered during Act 3 instead of in Act 7."

"Come again?" Matt asked.

"This is important, so listen up," Joe said. "If you had followed the "Ask the Best Questions Map" carefully in Act 3 to determine the needs, issues, competition, budget, buying influences, and time frame, then objections you hear at the end of the sales call would have turned up near the beginning instead.

You'd have had all your sales ammunition—your features and benefits—available in Acts 5 and 6 to deal with those objections. When they pop up in Act 7, you have already spent most of your ammunition."

Joe gave Matt a pointed look, as if to say, *Have I made it clear enough yet that Act 3 is hugely significant?*

Matt nodded in answer to the silent question. *Yes, Joe, I understand.*

"Okay," Joe said. "But we all make mistakes, so sometimes we face an objection in Act 7. How do

> ## *When an objection surfaces, return to Act 3.*

we deal with it? I've already given you a big hint. Here's another one. Remember when you said that other sales-training systems throw you outside the process when it's time to handle objections? In Action Selling, you stay within the system."

Matt didn't hesitate. "If I hear an objection from Iverson in Act 7 tomorrow, I go straight back to Act 3. I do not pass 'Go,' I do not collect $200. I ask him Act 3-type questions to clarify the situation."

"Right," Joe said. "Then you move quickly forward again to return to Act 7. Here's what it looks like." He sketched another figure.

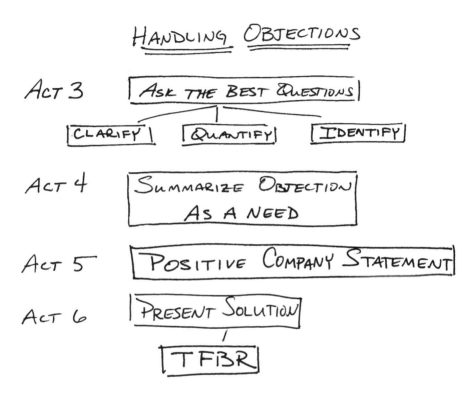

"I see," Matt said, looking at the diagram. "I jump back to Act 3 and treat the objection as a new need or issue that has been uncovered. When I have gathered enough information, I check my understanding the same way I do in Act 4: I summarize the situation and ask, 'Do I have that right?' Then I take Iverson quickly through his next two buying decisions—my company and my product. First I say something about my company's ability to deal with problems like this. Then I use a product feature to create another TFBR for a short version of Act 6. That brings me back to Act 7, and I ask for commitment again."

Use the Action Selling process to solve stalls and objections.

Joe nodded. "You stay within the system," he said. "You jump back a few Acts, but you remain within the structure of Action Selling. Because an objection is just the customer's response to an unasked question."

"And I keep my Commitment Objective in mind at all times," Matt added. "No matter where the client may lead me, I return eventually to Act 7. I ask for commitment."

The flight attendant broke in again to announce the aircraft's final approach into Denver. Matt and Joe raised their tray tables, adjusted their seats, and stowed their paraphernalia in their briefcases.

"Selling is all about gaining commitment," Joe agreed, when they'd finished the seats-fully-upright routine. "You want a positive way to think about stalls and objections? Here it is: If you don't ask for commitment, you won't hear a stall. And if you don't ask twice, you'll never hear an objection. Objections mean that you overlooked something in Act 3, but they're also a sign that you're pursuing your primary mission—you're trying to gain commitment."

He let Matt think about that while the big jet glided over the barren plains east of the Rocky Mountains and touched down in Denver.

Act 8 CONFIRM THE SALE

How pros fight FUD.

M att and Joe walked off the plane and into Concourse B at Denver International Airport. An arrivals-and-departures screen informed them that Joe's connecting flight to Chicago would leave shortly from a gate just a few steps away.

"Act 8 is a quick one," Joe said. "Do you have a few minutes? Anyone picking you up?"

> *FUD:*
> *Fear, Uncertainty and Doubt.*

"No, I'm fine," Matt said. "My car is in the parking ramp, so I don't have to meet anybody. Let's finish up here." They grabbed two seats in the gate's waiting area.

"Act 8 is called Confirm the Sale?" Matt asked. "What's that about?"

"Suppose you succeed tomorrow with Gary Iverson," Joe said. "He makes all five of his buying decisions in your favor, you gain his commitment, you make the sale. What feeling will start to creep over him as soon as you leave his office?"

Matt thought for a moment. "Buyer's remorse," he answered.

"Buyer's remorse," Joe confirmed, "otherwise known as fear, uncertainty, and doubt, or FUD. And you would like to eliminate those bad feelings, right? You'd much rather he feels good and confident about his decision to buy from you. You'd want him to be happy even if this were a one-time sale, but his confidence is especially important if you hope to develop a long-term relationship with him. Above all, you don't want him to sit there regretting his decision until he calls you to cancel his order. Would you agree with all that?"

"Absolutely," Matt said.

"Well then, Action Selling recommends that you do three quick and simple things to Confirm the Sale." Joe wrote a few words on his pad.

Act 8   Confirm the Sale

- *Assure*
- *Appreciate*
- *Future Event*

"First," Joe explained, "*assure* the customer that he has made the correct decision: 'Gary, I know from experience that you're going to be very happy with our software and our service.'

"Second, tell the customer that you *appreciate* his decision: 'Thank you for your confidence in us, Gary. I really appreciate the business.'

"Third," Joe continued, "schedule a *future event* for the customer to focus on—something to replace his worry and fretting over the money he just spent: 'Will

Schedule a future event to replace his worry over the money he just spent.

Monday morning work all right for our software engineers to meet with your IT staff to begin the implementation process? Say, 8:30? Both you and I should be there to make sure everything goes smoothly.'"

Matt's eyes widened. "It never occurred to me that scheduling the implementation or follow-up events might act as an antidote for buyer's remorse. But that makes a lot of sense."

"The beauty of the 'future event' really struck home for me a few years ago when I was the customer who had made a major purchase," Joe said. "My wife and I went to buy a piano. She loves to play, and she's good. The showroom saleswoman did a great job, and we overcommitted. Instead of a baby grand, we bought a full concert grand piano. You know, the kind of monster you'd see in Carnegie Hall."

"One of those huge pianos like Liberace used to play," Matt said, nodding.

"Right. The thing cost a fortune—more than we could really afford. The minute I signed the sales slip I started thinking, 'How can I get out of this?' But then something peculiar happened. The saleswoman led us out of the showroom and straight back to the warehouse area to meet the guys who would deliver the piano. We scheduled the delivery and then started to plan the logistics. Suddenly I'm talking with these two big, burly gentlemen about the problems they'll face when they get to my house. What room will the piano go in? What level of the house? How big are the doors? What do the stairways look like—are they straight or angled? It dawns on me that moving my piano into the house will be a serious challenge. I get completely absorbed in helping these guys figure out how to attack it.

"I was already practicing Action Selling at the time," Joe continued, "and I knew all about Act 8. But it wasn't until we were in the car driving home from the showroom that I realized I had just *experienced* the power that scheduling a future event can have. There I was, looking forward to the spectacle of these characters delivering my giant piano. And now it really was *my* piano. I had become so engaged in planning the delivery that I'd forgotten my remorse about buying the damn thing in the first place."

Matt grinned. "I'll bet that saleswoman also told you she appreciated your business and assured you that you made the right decision to buy the concert grand."

"There's another bet you'd win," Joe agreed.

"So that's how I Confirm the Sale?" Matt said. "Assure... appreciate... future event?"

"Short, but vital," Joe said.

"Then what about Act 9—Replay the Call?"

"Act 9 is entirely for the salesperson's own benefit," Joe explained. "It's a big part of what separates professionals from amateurs. After *every* sales call, successful or not, pros will review the call in their own minds to decide what they did right and what they could have done better: Was my initial Commitment Objective realistic? Should I have listened more and talked less in Act 2? Did I identify as many high-yield needs as I could have? Did I run into an objection in Act 7? If so, what question might I have asked in Act 3 that would have uncovered the issue earlier? If I could do Acts 5 and 6 over again, would I sell my company or my products any differently?

> *"A professional salesperson will replay every call."*

"That's how you improve your performance," Joe concluded. "A professional salesperson will replay every single call—the whole drama. Which is why pros just keep on getting better at selling."

The gate's public-address system crackled with the announcement that Joe's flight was ready for boarding.

Matt hesitated. Then he said, "My meeting with Iverson is at 9:30 in the morning. If you have some time tomorrow afternoon, could I replay the call out loud with you, on the phone? That would really help me think through my first attempt with Action Selling."

You read my mind, Joe thought. "I'd be happy to," he said, digging out his appointment calendar. "Why don't you give me a call at 3 p.m. Denver time. That will be 4 o'clock in Chicago. I'll be in my office."

"Great," Matt said. "I'll talk to you tomorrow."

They rose and shook hands. Matt began to walk away. Then he turned back.

"Hey, Joe," he said.

"Yeah?"

"Regardless of how things go with Iverson...thanks."

Joe waved him off. "Get out of here," he said. "You've got homework to do, remember?"

Act 9 REPLAY THE CALL

Why professionals keep getting better.

A t 4 p.m. on the dot, Joe's phone rang.

"Matt?" he said, picking up.

"I'm not sure that just plain 'Matt' does me justice anymore," said the happy voice on the line. "'Action Matt,' maybe. 'Mr. Rainmaker.'"

Joe grinned. "Closed the sale, did you?"

"You bet I did," Matt crowed.

"Congratulations," Joe said. "I'm happy for you."

"Joe, it was incredible," Matt said. "Everything worked just the way Action Selling said it would. It was a whole new experience. I felt like Christopher Columbus discovering the New World."

"Well, Matt, that's…"

"No, wait," Matt interrupted. "Christopher Columbus isn't quite right. I've been trying to think of an analogy that describes it. You know what I felt like? I felt as if, for nine years, I'd been chipping away at a giant log with a dull little toy hatchet. One day somebody walks up and says, 'Oh, are you trying to cut through that log? Here.' And he hands me a chain saw. I fire it up and, 'R-r-r-raahraaaow,' I'm done. It was like, 'Oh, I get it, there's actually a *tool* for this job.' That's how it felt."

The best way to replay a call is to go over each Act and determine what worked and what you could have done better.

Joe was gratified, but not surprised. The first experience with Action Selling often came as a revelation to salespeople, especially veterans. He decided to needle Matt a little. "Well, if you've already mastered the process, I guess there's no need to replay the call. You just phoned to tell me you want to skip Act 9?"

"Nuts to that," Matt said cheerfully, picking up on the tease. "A professional salesperson like me skipping an Act? Action Selling is something I definitely want to get better at. Lead me through a replay, will you?"

Joe leaned back in his chair. "Sure," he said. "The best way to replay the call is to go over it in your mind, Act by Act. It doesn't have to take long. Just ask yourself what worked in each Act and what you could have done better. In today's call, for instance, your Commitment Objective was to make the sale—to gain commitment from Iverson. Since you achieved it, you obviously chose a realistic Commitment Objective in Act 1."

"And how!" Matt said, still pumped by his success.

"All right, what would you say was your best question in Act 2?"

Matt barely had to think about it. "I said, 'Gary, if I asked your best customers about your company, what would they say is remarkable about you?' His answer was that they'd say APS's salespeople are incredibly helpful. That took me right to the heart of his dilemma. His customers love the service and the attention they get from APS's direct sales force, but they're buying cheaper consumables from the new Internet competitor."

> *Great questions shine a light on problems or opportunities, which gives you direction for later in the call.*

"That's what great questions and careful listening can do," Joe said approvingly. "They shine a light on problems or opportunities the customer faces, which gives you direction for the later acts. Now, as for Act 3, have you got the Best Questions Map handy?"

"It's right in front of me," Matt said, picking up the laminated sheet Joe had given him.

"Okay, look at the categories of questions on the map. Were there any categories you skipped or should have paid more attention to? Any questions you'd ask if you could do the call over again?"

You always learn something by replaying the call.

"I think I should have hit the Time Frame issue a little harder," Matt said. "In my previous call on him, Iverson told me he needed a solution by yesterday. But if I had asked a leverage question today in Act 3 about the urgency of his problem, I might have avoided the stall I ran into in Act 7."

"Good," Joe said. "You evidently overcame the stall, but this is why Action Selling insists we replay every call, including the successful ones, before we break open the champagne. You can always learn something. Now, what needs did you agree on in Act 4?"

"Iverson agreed to the two ideal needs that you and I picked yesterday when we planned the call," Matt said. "He needed a seamless solution that let him manage both Internet marketing and the direct sales force, and he needed a solution that was quick and painless, with no software integration required. He also agreed to the third ideal need I chose last night when I did my homework: He wanted to simplify the sales-management process and make it more efficient. You should have seen his eyes light up when I explained in Act 6 how our system will allow a manager to handle twice as many direct reports as his sales managers handle now."

"Great," Joe said, "but let's keep reviewing the Acts in order. What about Act 5? What was the best part of the story you told him when you sold your company? What really grabbed his attention?"

Matt took his time, recalling the way he had handled Act 5. "I think I did well with the 'quick and painless' angle," he said. "That was especially important to Iverson, and I presented it as a central feature that distinguishes us from the competition. You know, the fact that we've already dealt with the issues around software integration."

"Okay," Joe said. "How many TFBRs did you present in Act 6?"

"Three," Matt answered. "Seamless solution, quick and painless, simplify the sales-management process. Joe, it was amazing. The difference between my product presentation to Bob Howell yesterday and the one to Gary Iverson today was just flat-out incredible. I wish you could have been there to see it."

I have seen it, Joe thought with a smile. Why do you think I'm insisting we use Action Selling?

But Matt wasn't finished. "I mean, I got excited on the airplane when I figured out where you were going with the TFBR approach as opposed to 'show up and throw up,'" he said. "But holy smoke—the actual *experience* of using a target rifle to aim at needs the customer has already agreed to instead of blasting away with a shotgun. Talk about grabbing the guy's full attention! And this is despite the fact I didn't handle Act 6 as well as I should have. You see, I..."

> *TFBR uses a target rifle to aim at needs instead of blasting away with a shotgun.*

"Hold that thought," Joe cut in. "We'll come back to it. First, take me through the rest of the call. You said you ran into a stall in Act 7?"

"The 'future event' took his mind away from the money he was spending."

"Yep. When I quoted the price and asked for commitment, Iverson said he wanted to think it over and I should call him next week. I used the reserve TFBR you suggested—our two-year warranty, and how it eliminates the risk of doing business with us. When I asked for commitment the second time, I got it."

"Good job," Joe said. "And how did Act 8 go? What did you do to ward off buyer's remorse?"

"Thanked him for the business and assured him he made the right decision, of course," Matt said. "And it was fascinating to notice how scheduling the 'future event' took his mind away from the money he was spending. By the time we got done arranging next week's meeting with our technical people and his IT staff, he was actually rubbing his palms together, looking forward to it."

"Yes, interesting how that works, isn't it?" Joe said. "Now, two final questions you should ask yourself to complete Act 9.

" I was able to manage the conversation and guide its direction with my questions."

First, considering the entire sales call, what do you think you did best?"

Matt thought it over. Finally he said, "It's more like what Action Selling allowed me to do. I've never felt so much in control of a sales call. I had a specific strategy. I was able to manage the conversation and guide its direction with my questions. I felt as if I were steering the whole process from start to finish. And the strange thing was, I was doing it mostly by listening instead of talking. It really did feel like a drama, with the acts leading to a logical, inevitable conclusion. And I wasn't just one of the actors, I was also the director. Oh, how I wish I'd known about this nine years ago."

Joe smiled. "Welcome to the world of Action Selling," he said. "Last question: If you could improve one thing about your performance in that call, what would it be? You started to mention a problem in Act 6?"

"Yeah, I got a little long-winded as I worked through the TFBR process," Matt said. "I started to repeat myself, going back over some of the same ground I covered in Act 5 when I was selling my company. When I realized what was happening, I cut it off and moved ahead to Act 7."

"So," Joe said, "you think you need to get better at shaping your product features and benefits into the form of more succinct and powerful TFBRs? Have I got that right?"

"Exactly," Matt said.

"Do you have a plan for how to do that?"

"Not yet," Matt said.

"Well, suppose you pick, say, our seven best product features and the customer needs they're most likely to address. Then figure out how you would present those features as short and sweet TFBRs."

"Good idea," Matt said.

"You could write them down. Then give me a call next week and we'll go over them. How does that sound?"

> *"I think we are all going to make a lot of money."*

"Sounds great," Matt said. "How does Wednesday look for you?"

"You'd like to go ahead with it then?" Joe asked, starting to grin.

Suddenly Matt caught on and laughed. "Hey! You just used Action Selling to get me to commit to…"

"What, you thought Action Selling was only for salespeople, not for managers?" Joe said. "I can talk to you next Wednesday at 2 o'clock, my time. Will that work?"

"Sure," Matt said. "Hey, have I said thanks?"

" Yes, you did. You're welcome."

The silence stretched for five seconds. Then Matt said, "Joe? I'm going to make a lot of money, aren't I."

"Yeah, Matt," Joe said. "I think you're going to make a lot of money." *And you're just one of our salespeople*, he thought. He looked at the chart on his office wall, mentally revising the company's sales goals for the year. "I think we're all going to make a lot of money."

ACTION SELLING
SKILLS ASSESSMENT

TAKE A FREE ASSESSMENT OF YOUR SALES SKILLS!

When you have finished reading this book, go to www.ActionSellingBookAssessment.com for a free assessment of your sales skills.

The 55-question assessment takes approximately 30 minutes to complete. It measures both the knowledge you have gained from the book and your current skill levels in five critical areas of selling: *building a buyer/seller relationship; call planning; questioning skills; presentation skills;* and *gaining commitment.*

In confidential reports like those shown above, your skill scores will be compared to the norms of 150,000 salespeople who have answered the same questions on a more extensive version of the assessment that is part of the Action Selling training program. The reports highlight specific areas in which improving your skills would lead to the biggest boost in sales performance.

Order More *ACTION SELLING* Books!

To order additional books:
- Call (800) 232-3485
- Go to www.ActionSelling.com
- Fax (763) 473-0109
- Mail to The Sales Board

Get *ACTION SELLING* Training Information:
- Call (800) 232-3485
- www.TheSalesBoard.com

GET TRAINED AND CERTIFIED AS AN
ACTION SELLING PROFESSIONAL!

Want to learn more about how Action Selling can help your organization realize its full sales potential? For information about training and certification for yourself or your salespeople, contact The Sales Board.

Founded in 1990, The Sales Board has boosted the performance of more than 2,000 companies and 150,000 salespeople worldwide in virtually every industry. Action Selling provides a systematic approach to managing and conducting the entire sales process. Our complete training program provides all the necessary tools for students and instructors. Training is customized specifically for each organization's selling situation and even for individual salespeople.

Studies document that veteran salespeople who become Action Selling Certified improve their sales performance by an annual average of 16 percent. As for rookie salespeople, there is no finer system to start them off on the right foot and make them productive immediately.

Students participate in a highly interactive two-day training session facilitated by our talented trainers or by their own Action Selling Certified managers. Students then take part in Skill Drills to refine and reinforce their new skills in the field. Accountability is built into the process with management reinforcement, plus an assessment and certification system.

To learn more about the complete Action Selling training and certification system, please contact us or visit our Web site:

The Sales Board
(800) 232-3485
info@thesalesboard.com
www.TheSalesBoard.com

About the Author

Duane Sparks is chairman and founder of The Sales Board, a Minneapolis-based company that has trained and certified more than 150,000 salespeople in the system and the skills of Action Selling. He has personally facilitated more than 300 Action Selling training sessions.

In a 30-year career as a salesperson and sales manager, Duane has sold products ranging from office equipment to insurance. He was the top salesperson at every company he ever worked for. He developed Action Selling while owner of one of the largest computer marketers in the United States. Even in the roaring computer business of the 1980s, his company grew six times faster than the industry norm, differentiating itself not by the products it offered but by the way it sold them. Duane founded The Sales Board in 1990 to teach the skills of Action Selling to others.

PETER HANDKE

DAS SPIEL VOM FRAGEN
ODER
DIE REISE ZUM
SONOREN LAND

Suhrkamp Verlag

Erste Auflage 1989
© Suhrkamp Verlag Frankfurt am Main 1989
Alle Rechte vorbehalten, insbesondere das der Aufführung durch Be-
rufs- und Laienbühnen, des öffentlichen Vortrags, der Verfilmung
und Übertragung durch Rundfunk und Fernsehen, auch einzelner
Abschnitte. Das Recht der Aufführung oder Sendung ist nur vom
Suhrkamp Verlag, Frankfurt am Main, zu erwerben. Den Bühnen
und Vereinen gegenüber als Manuskript gedruckt.
Satz und Druck: MZ-Verlagsdruckerei GmbH, Memmingen
Printed in Germany

für Ferdinand Raimund, Anton Tschechow,
John Ford und all die anderen

»Die Pilger gingen sehr nachdenklich dahin . . .
Diese Pilger schienen mir von weit zu kommen«

Dante, *Vita Nova*

EIN MAUERSCHAUER
EIN SPIELVERDERBER
EIN JUNGER SCHAUSPIELER
EINE JUNGE SCHAUSPIELERIN
EIN ALTES PAAR
PARZIVAL
EIN EINHEIMISCHER, in verschiedenen Spielarten

Die Szenenangaben sind nicht immer unbedingt
Szenen*anweisungen*

1

*Die Bühne ist ein Plateau mittenhinten im hinter-
sten Kontinent, probenhell, leer, still, leicht an-
steigend wie zu einer Klippe. Dort wird jetzt,
klammernd und Halt suchend, ein Händepaar
sichtbar. Von der Seite tritt, wie vom Haus auf die
Straße, der MAUERSCHAUER auf, ein Mann in
mittleren Jahren, leicht gekleidet, im Aufbruch begriffen, als Reisegepäck nichts als Kamm und
Zahnbürste, die er sich gerade oben in die Jacke
steckt. Schon nach ein paar Schritten, unter denen
er sich immer wieder um sich selbst gedreht und
umgeblickt hat nach seinem Ausgangsort, ist er
unterwegs in der Weite, mit Wind unter den Achseln, erhobenen Hauptes, im Schlendergang. Auf
die Halt suchende Bewegung im Bühnenhinter-
grund wird er aufmerksam, weil dort inzwischen
nur noch eine Hand ist. Er hält inne. Als er dann
hinläuft, verschwindet auch noch diese eine
Hand, wie vom Schüttern seiner Schritte. Wenn es
ein Fall ist, so folgen freilich weder Schrei noch
Aufprall. Der Mauerschauer tritt an den Klippen-
rand, schnellt zurück, hockt sich nieder, bedeckt
sich mit dem weiten Ärmel seiner Windjacke das
Gesicht und bleibt regungslos.*

Von einer anderen Seite kommt nun, wie auf der Flucht, keuchend, mit dem letzten Atem, der SPIELVERDERBER *gerannt, ebenfalls ein Mann in mittleren Jahren, der sich im Laufen immer wieder umblickt nach seinen Verfolgern und sich dabei die Seiten hält. Endlich, im äußersten Winkel der Bühne, bleibt er stehen, mit hängenden Armen, und Blicken nach allen Seiten, so als stelle er sich, eingekreist. Die Häscher aber erscheinen nicht. Er reckt sich darauf langsam, zieht sich den Reisemantel an, den er bisher über dem Arm hatte, setzt sich nieder und streckt die Beine aus, mit Augen, die nichts tun als auszuruhen vom Fluchtweg.*

Auftreten nun, ohne daß die beiden Erstankömmlinge sie wahrnehmen, aus verschiedenen Richtungen der JUNGE SCHAUSPIELER *und die* JUNGE SCHAUSPIELERIN. *Er kommt daher mit einer Sonnenbrille, müde, wachsam, wie von einer Probe, während sie dahin unterwegs ist: die Augen zum Horizont gerichtet, die eine Hand auf der anderen Schulter, im schwingenden Kleid weitausgreifende Schritte, als ginge sie über die Hügel jemandem entgegen. Gleich wird sie die Frau des Bäkkers oder die ländliche Verlobte sein, während der junge Schauspieler noch halb in der Rolle des Aufrührers, des Menschenfeindes oder des zum Tode Verurteilten ist, mit einem Stück des entsprechen-*

den Kostüms. Sowie sie, ein jeder aus seiner Gasse gebogen, einander ansichtig werden, ist es der Augenblick, auf den sie seit jeher gewartet haben. Sie brauchen nicht aus ihren Rollen zu fallen; diese bekommen nur, mit einem leichten Ruck, einen anderen Zug. Zu ihrem Mienenspiel eines verliebten Landmädchens tritt Ernst, und seine Fechtergesten eines Empörers verlangsamen sich zu nach ihr sich ausstreckenden Armen. Danach das Stokken: Sie läßt sich, abgewandten Gesichts, auf der Stelle nieder, und er, nachdem er hin und her Umwege bis an die Ränder des Plateaus unternommen hat, setzt sich im Abstand zu ihr, auch er mit abgewendeten Augen.

Auftritt nun das ALTE PAAR, hintereinander in unbeholfenem Lauf, beide mit den Händen voraus in die Szene fuchtelnd. Die alte Frau hat eine große Handtasche in der einen Armbeuge, und der alte Mann zieht einen mächtigen, dabei leicht wirkenden Überseekoffer hinter sich her. Sie haben offensichtlich ein Fahrzeug erreichen wollen, das ihnen vor der Nase wegfährt. Die beiden tragen die dunklen Feiertagskleider von Leuten, die sich ihr Leben lang fast nur im Arbeitsgewand bewegt haben, und wirken darin umso festlicher; heute hätten sie einmal frei sein können, außer Dienst. Jetzt jedoch gehen sie gesenkten Kopfes, auch sie ohne Augen für die übrigen, mit ihren Sachen zur Seite und sinken nieder, auf die Knie, dann auf die Fersen. Die Alte hält sich das Tuch, mit dem sie versucht hat, Zeichen zu geben, vor das Gesicht, der Alte, die Hände auf den Knien, wiegt sich vor und zurück.

Zuletzt erscheint, im Rückwärtsgang, auf der Bühne noch PARZIVAL, immer wieder einhaltend, dabei einen wie trotzigen Schritt zu seinem Ausgangsort andeutend, und doch stetig davon weiter wegweichend – so als sei er gerade irgendwo in der Wildnis ausgesetzt worden und werde, vielleicht mit einer Waffe, weggescheucht. Er ist der jüngste auf dem Plateau, fast noch ein Kind, kurzgeschoren, mit zerrissenem Zeug, barfuß. Wie endgültig ausgestoßen, hoppelt er im letzten noch freien Winkel der Bühne im Kreis, schlägt dabei den Kopf erst gegen die Knie und dann, zu Boden gestürzt, gegen die Planken, Speichelfluß aus dem Mund.

Jetzt ertönt ein sonores Signal, fein, aber weithin, ein langgezogener, der tiefstmögliche aller Töne, allesdurchdringend, und nach einer Pause, in der jede Gestalt auf der Bühne, auch Parzival, reglos wurde und aufhorchte, ein zweites und ein drittes Mal, etwas wie ein Nebelhorn oder das Pfeifen aus dem Innern einer altertümlichen Lokomotive oder das Abfahrtstuten einer Fähre an einer Meeresstraße. Danach in der Stille bemerken die sie-

ben einander, und sofern sie nicht schon stehen,
erheben sie sich. Koffer und Tasche werden wie-
der aufgenommen, und die Bühne wird dunkel.

2

Eine Biegung weiter im Hinterland, mit einer Zwergkiefer, oben auf einer Anhöhe. Man lagert da zu siebt, die beiden ALTEN *auf Klapphockern, neben sich Tasche und Überseekoffer. Weiterhin Stille und das helle Plateaulicht, oder das Licht auf ersten Proben. Die* JUNGE SCHAUSPIELERIN *schminkt sich ab. Der* JUNGE SCHAUSPIELER *läßt seinen Kostümteil verschwinden.*

DER MAUERSCHAUER
kämmt sich die windzerzausten Haare, beschattet sich mit der einen Hand die Augen, blickt zum Raum hinaus und streckt die andere Hand vor: Schaut doch, wie schön! Es ist gerade Frieden hier im Hinterland, und darum kann ich das sagen. Ich bin wohl zum Rühmen geboren, denn nichts andres in mir hat Stimme. Was sonst noch aus mir kommt, bleibt tonlos, oder wird schrill. – Aber warum fällt mir das Schönfinden heutzutage schwerer und schwerer? Warum habt ihr Früheren einfach sagen können: Empor die Herzen! oder: Heilige Salzflut! oder bloß: Erde! Sonne! oder das Allereinfachste: Zeit genug!? Und

warum habt ihr die nach euch noch segnen können? Und warum werde ich mit jedem Schritt weiter wegverschlagen von euch und kann so auch
nichts überliefern von eurem Segen an unsere Kinder hinter dem Horizont, die sich dort ahnungslos
über dem Abgrund bewegen? Im voraus sehe ich
schon euer jähes Entsetzen und höre euer Rufen
nach uns, die wir nichts für euch tun können werden. In meinen Ohren schon euer Aufschrei, und
vor euch noch die Hügel mit einem Rauschen, das
wie aus den Hügeln selber kommt. *Er geht mit
dem Arm den Wellen der fernen Hügel nach.*

DER SPIELVERDERBER
wickelt sich frierend in seinen Mantel: Und an den
Hügeln unter den Bäumen die Jäger. Und sie pir-
schen sich nicht mehr wie früher an ihre Beute,
sondern kommen dahergeprescht mit den Jeeps
auf den Forststraßen, haben schon gestoppt und
feuern durch die offenen Scheiben, auf keinen Löwen oder Bären, nein, auf die Eichhörnchen, die
noch einmal hochaufspringen, und haben die kleinen Kadaver schon verstaut und brausen, nachdem sie in Reih und Glied rasch an die Jeepreifen
gepißt haben, weiter zum nächsten Abschuß; und
wenn du eine Sekunde danach an den frischen
Schlachtplatz trittst, glänzt da kein Tropfen Blut,
fliegt in deinem Hügelwind kein Fellfetzen, triffst

du auf keinen Rindensplitter, nicht einmal einen brenzligen Geruch oder, wie sagt man heutzutage?, eine Restwärme: nichts als der unversehrte Baum, das ungekrümmte Waldgras und das unmenschliche Rauschen. – Und unseren Kindern sind du und ich doch längst aus dem Sinn. Selbst wenn sie uns täglich vor Augen hätten, wären wir für sie, wenn schon nicht lästig, im Bestfall »Ach der«, bei dessen bloßem Anblick sie das große Gähnen befällt, und würden wir, so verlassen sie vielleicht auch sein mögen, uns bei ihnen melden, so folgte auf die erste Freude des »Wer kann das für mich sein?« das enttäuschte »Ach du«, »Aha, der«. Unsere Kinder wollen zwar beschützt oder gerettet werden, aber um Himmels willen nicht von uns. Daß sie in der Todesnot nach uns schreien, ist bloßer Reflex. Sogar in ihren Träumen sind wir aus dem Spiel und werden ihnen in ihre Augen erst wieder blicken nach unserem Tod. – Und diejenigen vor uns, die für dich die edlen Alten waren? Schon richtig vielleicht, daß sie ein Herz zu rühmen hatten, nicht nur, wenn es um einen Sieger ging, und nicht nur, weil sie die Diener eines Gottes oder Fürsten waren und dafür belohnt wurden. Ob aber nicht, wenn ihr Ton unters Volk kam, sie selbst sich nun als die Sieger fühlten und am Ende gewiß waren, zum Preis des Daseins ein für allemal das Gültige gesagt zu haben, und wie jeder Sieger nur noch sich selber kannten, gegen uns Nachfahren ertaubt in Gleichgültigkeit, dem Gegenteil von deinem Segnen? »Zeit genug«, ja. Aber ob nicht die Alten, die so herrscherlich sich die Zeit herausnahmen, unsereinem eben dadurch keine Zeit mehr übrigließen? Schaut doch und seht dort draußen auf der Landstraße den riesenhaften Hundertjährigen gehen, die Hand scheinbar begütigend auf der Schulter seines kleinen Isaak, den er in Wahrheit wieder neu zur Schlachtstätte bringt. *Er wendet sich an seine offene Hand.* Oder was meinst du, Tierchen da? Ob ich mich täusche? Ob der Greis mit der schweren Hand auf der Schulter des Burschen einfach nur blind ist und sich ein wenig spazierenführen läßt? Doch Zeit genug noch für uns? Ob ein blindgewordener Bauer mit seinem Enkel bloß eine Felderbegehung macht? – Schaut her, das Tier hat aufgehört zu krabbeln und hebt den Kopf. Es wittert. Eine Frage genügt, und schon wittert es. – So frage ich dich weiter, mein Tierchen: Ob es bald wärmer wird? Was machst du heute abend? Wo wirst du im Winter sein? Wo warst du im Krieg? Wo ist deine Mutter? Wo ist dein Kind? – Schaut, es wendet sich tatsächlich um nach seinen Anverwandten! – Ist das hier deine Erstgestalt, Tier, oder hast du dich schon einmal verwandelt? Und in was werden wir hier uns noch im Verlauf der

Begebenheiten verwandeln? Der da aus dem fuß-
kranken Idioten in den Wunderläufer? Die da aus
einer, die all die vergangenen Nächte die Hände
zwischen den Schenkeln stecken hatte, in eine, die
in der kommenden Nacht die Arme um den da
schlingt? Die beiden Alten da mit ihren Sorgen-
mienen in einen Bergdoppelkopf mit zufrieden
grinsenden Buddhagesichtern? Der da mit seiner
ewigen Vorläufigkeit zu einem mit festem Wohn-
sitz, der sein Heil nicht mehr sucht im Aufbruch,
sondern wie der alte Sultan an Ort und Stelle im
Schoß der jungen Geliebten? – Und sag zuletzt
auch mir, mein Handorakel, ob im Verlauf der Begebenheiten der Flüchtling, der ich seit jeher bin,
der mit den Augen, die sich nie recht zu schließen
wagen, der zusammenfährt, wenn vor ihm auch
nur ein Spatz aufschwirrt, der ausweicht vor einem Falter im Augenwinkel, der (*zwischendurch
an die* JUNGE SCHAUSPIELERIN: »Blicken Sie einmal um sich!«, *was sie gleich tut*) nie in der eben
gesehenen Gelassenheit über die Schulter hat blik-
ken können, sondern immer nur so (*er zeigt es*):
sage mir, Tierchen, ob der über Berge und Flüsse
Gehetzte hier am Ende in einen verwandelt wird,
der im Wald der Jäger, um sich vom Wild unter-
scheidbar zu machen, endlich laut singen kann,
denn er ist für seine, die Menschenjäger, kein
Menschenwild mehr? Warum, mein Tier, ist seit je

mein erster Impuls, wenn ich einen Menschen sehe, gleichwen: Flucht? – Oder sag uns einfach: Wer ist dein Feind? Oder: Warst du es, das mir diese Löcher in meinen Mantel gefressen hat? (*Er hält das Ohr an die Hand. Dann in die Runde:*) Keine Antwort. Gewaltig! *Er bläst das Tier von sich.*

DAS ALTE PAAR
einander im Sprechen abwechselnd, mit immer wieder sich halb erhebenden Armen, in einem Singspiel: Eigentlich hätte das unsere erste Reise sein sollen. Aber ich wollte ohnehin nicht so recht. Und ich auch nicht. (*Gemeinsam:*) Warum hast du mir das nicht gesagt? – Seit dem Krieg habe ich nicht mehr woanders geschlafen als zuhause. Und ich seit damals im Krankenhaus. Immer schon war ich froh, wenn die anderen verreisten und ich der sein konnte, der allein zurückblieb. Ja, und wenn sie mir voll Mitleid zugewinkt hatten und endlich aus dem Blickfeld waren, hat es in mir jedesmal einen Luftsprung getan. Ja, und als einmal der Sohn noch kurz zurück um die Ecke kam, um uns mit einem letzten Wort zu trösten, hat er mich schon gemütlich mit der Zeitung in der Hand gesehen, und mich am Kirschbaum im Garten beim Kirschkernausspucken. (*Gemeinsam:*) Äpfel können wir ja beide nicht mehr beißen. – Wie schön

wird es rundum im Haus, wenn die anderen gut unterwegs sind und man für sie den Platz hält. Ja, weil sie die unsrigen sind, und ihnen das Haus zu hüten schon ihre Rückkehr vorwegnimmt. (*Gemeinsam:*) Jedenfalls für Momente. – Meine Freude war immer schon die, mich mit den Meinen mitzufreuen. Ja, und besonders, wenn sie ihre Freude weit weg von uns erlebten. Wie haben wir ihnen den Glanz der fernen Küsten ausgemalt und sie zu immer neuen Reisen gereizt. (*Gemeinsam:*) Und jetzt sind die Rollen vertauscht. – Statt daß ich auf dem Moped mit dem Enkel ein paar Runden drehe, muß er sich von unserm Sohn gerade fragen lassen: Erzähl! Was hast du heute Schönes erlebt? Und statt daß die Enkelin auf meinem Schoß sitzt und mir ihren Traum erzählt, über den wir zusammen lachen und weinen könnten, muß sie gerade lächeln fürs Photographiertwerden. (*Gemeinsam:*) Aber immer noch besser so, als im Moment mit den andern Alten der Gegend unterwegs auf der Kreuzfahrt zwischen den Kriegsschauplätzen. – Ob die aus dem ersten Staunen schon heraus sind und sich nur noch Witze erzählen oder Karten spielen? Das glaube ich nicht, denn unsere Gegend ist doch bekannt dafür, daß die Leute weder Spiele noch Witze kennen und, je älter sie werden, umso mehr ins Staunen kommen. In unserer Gegend staunen die Leute im Alter sogar gemeinsam, unisono, im Chor, und der häufigste Hausname ist »Wunderer«, »beim Wunderer«, »vulgo Wunderer«. Selbst der Dialekt unsrer Gegend wird die Mundart der Stauner genannt, schon unser Tonfall drückt ein einziges Sichwundern aus. Ja, ich stelle mir vor, daß sie immer noch so stumm dasitzen wie bei der Abfahrt, den Kopf hoch zum Schauen. Aber meinst du nicht, daß es bei allem Staunen jeden insgeheim längst wieder heimwärts zieht, zu den Bauernrosen im Garten, die beim Wegfahren gerade vor dem Aufblühen waren — schon der eine Purpurspalt in der Knospe! —, und zur Fortsetzung der lieben Serie heute abend im Fernsehen? Das glaube ich eher, denn wir haben doch bei uns selber den Spitznamen »Heimwärtsplärrer«. Zieht's dich auch heim? Nein, jetzt nicht mehr. Mich auch nicht mehr, denn es ist dort inzwischen so still, aus der Welt, so verschieden still von früher. Und zu den andern? Noch weniger. Stell dir vor, all diese alten Leute auf einem Haufen! Ein einzelnes altes Männchen riecht mir muffig genug. Ja, und endlich weg von den parfümierten alten Weibern mit ihren Belladonna-Augen und den Angstschwaden bei jedem Hüftschwung. Mein eigener Truthahnhals ist mir übergenug. Ja, und endlich einmal weg von den Krankheitsgeschichten, dem Beschnüffeln der letzten Tage,

dem Begutachten der Angehörigen an den Grä-
bern.

DIE ALTE

in den Kreis: Als ich seinerzeit, noch nicht alt, im
Krankenhaus lag, war es das schönste für mich,
daß vor dem Fenster die Züge fuhren, und als ich
das der Uralten neben mir sagte, war ihre Antwort: Ja, aber noch schöner sind für mich die
Flugzeuge.

DER ALTE

in den Kreis: Und als ich im Krieg war, hatte ich
einmal Ausgang und bin den ganzen Sommer-
abend lang in jenem fremden Land neben einem
alten Mann auf einer Caféterrasse gesessen, und
das einzige, was er mir dann, zum Abschied um
Mitternacht, sagte: Ist das nicht ein feiner Platz
zum Frauenanschauen? (*Gemeinsam mit der* AL-
TEN:) Das waren die dritten, an den dritten Orten,
und wenn ihr, Fremde, auch solche dritten seid,
dann werden wir zu siebt eine gute Reise machen.
(*Er betrachtet die jungen Schauspieler, die beide
sich dabei aufrichten und sich betrachten lassen:*)
Bist du ein Widerständler? – Und du, bist du die
Festkönigin?

DIE ALTE
So hat er nie gefragt. – Hast denn du, in deinem
Alter, überhaupt noch Fragen?

DER ALTE
Ja, Fragen noch und noch. Und was für welche!
Und du?

DIE ALTE
Ja, ich auch. Je älter ich werde, desto mehr Fragen
habe ich, desto mehr denke ich alles in Frageform.
*Schweigen. Sie richtet ihm die Hosenträger, und er
ihr die Haarspange.*

DIE SCHAUSPIELER *mustern einander.*

DIE JUNGE SCHAUSPIELERIN Und?

DER JUNGE SCHAUSPIELER Nein. Noch nicht.

DIE SCHAUSPIELERIN
Du weißt deine Frage noch nicht.

SCHAUSPIELER
Einerseits drängt es mich dazu, weil es ohne sie
nicht weitergehen kann zwischen uns. Andrerseits
habe ich eine Scheu davor, denn wenn es die falsche Frage ist, oder gestellt im falschen Moment,

können wir nie mehr zusammenkommen, und vor dir steht statt des Widerständlers oder Empörers bloß der wichtigtuerische junge Schauspieler, der für nichts und wieder nichts Unruhe stiftet.

SCHAUSPIELERIN

Ich wollte nie etwas anderes sein als Schauspielerin. Mein Blick hinauf in einen Baumwipfel sollte gesehen werden von den Augen der anderen. Wenn ich, allein in meinem Zimmer, mich umwendete, stellte ich mir vor, wie durch die Zuschauermassen ein Beben ging. Wenn ich den Arm so ausstrecke, daß er sich wirklich einmal zeigt als der ausgestreckte Arm, wenn ich jemandem mein Ohr zuneige, daß es wirklich zum geneigten Ohr wird, wenn ich dich anschauen kann mit diesen meinen Augen hier, dann stelle ich mir nicht bloß vor, ich fühle es, daß das, was ich gerade verkörpere – ja, ich tue dann nichts, ich verkörpere einfach –, über dich hinaus sich zugleich richtet an ein Publikum, das bis zum Horizont um mich herum ist, sich über meinen wahren Moment freut oder trauert mit mir und, wenn schon nicht: Ja, so ist es, zumindest doch in einem gemeinsamen Atemzug denkt: Ja, so war es einmal! Ein Schauspieler, so mein Gedanke, sollte ein Wahrspieler sein, etwas ganz Seltenes.

SCHAUSPIELER

Ja, so war es auch mit mir einmal, ich erinnere mich. Gelang mir einmal ein wahres Gefühl, so wollte ich damit, mit seinem Schimmer in den Augen, seiner Ruhe auf den Lippen, seiner Schwingung in der Stimme, auf der Stelle gefilmt werden, in Großaufnahme, die gleichzeitig übertragen werden sollte auf Riesenleinwände in die Stadien des Erdkreises. Zum Spielen hat es mich nicht gedrängt, weil ich agieren und Helden darstellen, sondern endlich länger als ein paar Sekunden ernst sein und das die Welt auch mitfühlen lassen wollte. Aber inzwischen habe ich diesen Antrieb fast verloren.

SCHAUSPIELERIN

Und ich ebenso. Seit ich tatsächlich auftrete, ereignet es sich kaum mehr, daß ich wie früher, als das noch nicht mein Beruf war, mit einer richtigen Bewegung an der rechten Stelle eine Welt umspanne. Haben auch dir deine Lehrer erklärt, zu dem, von dem jeder einzelne im Publikum sagen kann: »Mein Schauspieler!«, werde nur, wer, was er seit der frühesten Kindheit in einem unsichtbaren Licht vorgehen spürte, im sichtbaren Licht verfeinert wiederholte – als die Durchlässigkeit in Person –, so daß am Ende nicht er, sondern die Leute als Schauspieler nachhause gehen, und zwar als von ihrem Schauspielertum überzeugte, weil sie durch ihn, den Durchlässe-Schaffenden, erst begriffen haben, daß auch sie dieses immer wieder verkörpern und nur in jenen Schauspielermomenten sich selbst wie ihre Nächsten als die Helden und die Einsamen erfahren, welche wir, unsere Mutter, unser Vater, unser Bruder, unsere Nachbarn in Wahrheit ja sind? Und haben auch dir deine Lehrer vorgehalten, daß wir heutigen Spieler unfähig zur Durchlässigkeit sind? Daß unsere Gesten nur noch uns selber zeigen, statt hinaus in einen Raum?

SCHAUSPIELER

zeigt: Schau, den Hasen dort, unser Ebenbild! Schau seine lichtdurchlässigen Lauscher!

SCHAUSPIELERIN

Daß all jene Wörter, mit denen die großen alten Geschichten erzählt wurden, und ohne die es keine Geschichten gibt, »Segen«, »Fluch«, »Liebe«, »Zorn«, »Meer«, »Traum«, »Wahnsinn«, »Wüste«, »Jammer«, »Salz«, »Elend«, »Frieden«, »Krieg«, für uns Heutige Fremdwörter geworden sind, deren letzten verbliebenen Sinn wir noch weiter vernichten, indem wir sie entweder peinlich falsch aussprechen oder bloß so fallenlassen wie im Gerede der Fußgängerzonen?

Daß wir unfähig sind, die langen, verschlungenen Sätze darzustellen, in denen allein jene Wörter wieder frisch ihren Platz bekommen?

SCHAUSPIELER
probiert: So wie es das Glück gibt – denn ich habe es ja erlebt –, so gibt es das Elend – denn ich habe es ja erlebt –, und auch ich bin schon aus einem Krieg heimgekehrt, worauf mich das Meer umspielt hat wie sein Kind, so daß ich die Dankbarkeit selber wurde...

SCHAUSPIELERIN
Daß unsere Körper heutzutage nicht mehr jene Stille um sich ziehen, in der die Zuschauer sich zusammenfinden können, sondern entweder unnahbare Massive oder in den Käfig lockende Affen sind?

SCHAUSPIELER
Ich wollte immer der d r i t t e Körper sein!

SCHAUSPIELERIN
Daß uns die Niederlagen fehlen, die uns das Zögern beibringen und unser Spielen erst fruchtbar machen?

SCHAUSPIELER
Ich lebe von der Frucht meiner Kindheitswunden.

SCHAUSPIELERIN
Daß wir als die gespenstbleichen Wiedergänger unserer Vorgänger auftreten?

SCHAUSPIELER
Wenn in mir jetzt eine Kraft ist, dann die eines Neuanfängers.

SCHAUSPIELERIN
Daß wir das auf uns Überlieferte beanspruchen als unsere Kolonie, in schamloser Selbstverständlichkeit?

SCHAUSPIELER
Wenn ich etwas von Kind an, und ohne jeden Lehrer, weiß, so: daß nichts auf der Welt zu haben ist, du nicht und niemand. Ich bin ein begeisterter Habenichts. Und auch ich bin einer aus der Gegend der Stauner, dem nie etwas selbstverständlich sein wird, und den, wenn er nichts zu bestaunen vorfindet, das Heimweh packt. Und auf noch Stärkeres als das bloße Staunen geht mein Heimweh: auf das Bestürztwerden noch und noch. *Die beiden erheben sich.*

SCHAUSPIELERIN

Und schließlich, vor allem, haben auch dir die
Lehrer gesagt, daß wir Heutigen die Durchlässigkeit deshalb nicht mehr schaffen, weil wir nicht
ganz von vorne wieder mit dem Fragen anfangen?
Wobei sie uns aber zugute halten, daß der Grund-
rhythmus unseres Atmens, Schauens und Hörens
offenbar wie auch bei ihnen und denen vor ihnen
noch immer der eines beständigen stummen Fragens ist, mit der Sehnsucht eines Kinds unterwegs
zum erlösenden Ausdruck? Daß solches Stumm-
bleiben und Nichtfragen aber nicht wieder eine
unserer Unfähigkeiten ist, vielmehr, gerade in unserer als schamlos bezeichneten Neuzeit, das Lebenszeichen einer ursprünglichen Scheu? Daß
diese Scheu aber, mit der wir Heutigen in den entscheidenden Momenten entweder die richtige
Frage verschweigen oder statt dessen eine Scherz-
frage stellen, unser Fruchtbarstes ist – unsere be-
sondere Gabe? Daß es aber nun hohe Zeit ist, uns,
mit der Scheu als dem Kompaß, auf den Weg zu
machen und mit gesammeltem Ernst und möglich-
ster Leichtfüßigkeit zwischen den Tragödien und
Komödien einmal das ausstehende Drama des
Fragens zu spielen, das – haben deine Lehrer das
auch gemeint? – keineswegs das Vorausgewußte
eines Lehrstücks oder die Hereinlege-Fragerei eines sokratischen Dialogs haben dürfe – keine

Denkfragen, kein Fragen als Fallenstellen! –, wohl aber, für einige Raststellen jedenfalls, getrost etwas von Zaubermärchen oder Posse? Daß aber der Grundzug unseres Dramas vom Fragen der einer Forschungsreise sein solle, und sein Grundton, bei allem suchenden Umspielen, der Psalmenton? Daß wir dieses Spiel vom Fragen in jeder Situation betrachten sollten als ein An-das-Licht-Kehren unserer verborgensten und hintersten Welt? Daß es dabei immer noch besser sei, falsch zu fragen, als gar nicht mehr zu fragen: das erstere sei bloß ein Fehler, das letztere aber inzwischen Schuld?

SCHAUSPIELER

Dann fang jetzt an. Frag. Spiel du erst einmal die Fragerin. Ich bin noch nicht soweit. Frag dafür du mich. Hilf mir weiter mit deinen Fragen. Aber fang klein an, am besten mit uns beiden hier. Und laß dich erst einmal ruhig gehen. Du wirst nicht geprüft. Deine Mitspieler sind nicht deine Lehrer, sondern ebenso Rat suchend wie wir. Es gibt keinen vorgezeichneten Weg. Kann sein, daß wir mit unserer Expedition jene Suche nach der Nordwest-Passage wiederholen, die der Captain Cook nicht und nicht finden konnte – einfach, weil es sie nicht gibt. Unsere Vorgänger werden schon gewußt haben, warum das Fragen für sie kein Stoff für ein Drama war, denn wenn es ein Stoff ist, dann aus

so vielen, in unzählige Richtungen auseinander-
laufenden Formen, daß die eine durchgehende
oder zielführende Form vielleicht gar nicht zu finden ist. So ganz unmöglich und ohne Sinn kann
unser Aufbruch aber nicht sein, denn sonst wäre
ich doch nicht so voller Verlangen danach. Zum
Fragen gehört das Gehen: Fragengehen, draußen,
im Freien. Meine Vorstellung von unsrer Frage-
reise ist die von einer Wanderung der Generationen
in der leichten Luft eines Hochplateaus, dem entsprechend wir wieder die alten Wanderschauspie-
ler, unser Fragen ein gleichmäßig dahinfließender
Wasserlauf ohne Untiefen. Licht und Luft, steht
uns also bei. Rolle im Fragedrama, die ich mir doch
gewünscht habe, laß dich verkörpern. Geist des
Fragens, erlaub uns Heutigen ein Suchspiel mit dir,
denn das tut uns not. Und anders als einst durch die
Orakeldiener sollst du uns auf unsre Fragen dann
keine Antworten geben an deinem traditionellen
Ort, sondern uns dort nur helfen, daß jeder einzelne sich fragt, was heute noch seine Fragen sind.
Und jetzt frag, Frau. Und werde langsamer, ab hier
geht's bergauf. Und frag kürzer als bisher, auch das
entspricht dem Bergaufgehen. Und beginn schamlos, wie die Kleinkinder, die Betrunkenen und die
Idioten. Und wenn du nicht weiterweißt, spring,
oder mach es wie unser Hase dort am Horizont.
Auch die andern, bis auf PARZIVAL, *erheben sich.*

Das ALTE PAAR *schlichtet seine Klappstühle in den Überseekoffer, mit behutsamen Bewegungen, wie um den Spielanfang nicht zu stören.*

SCHAUSPIELERIN
Was dachtest du, als du mich zum ersten Mal sahst?

SCHAUSPIELER
Endlich steht vor mir die, deren Bild schon immer in mir war: die Richtige.

SCHAUSPIELERIN
Woran erkanntest du das?

SCHAUSPIELER
Bei einem andern Menschen sehe ich immer gleich, was mir mißfällt. An dir dagegen war alles unauffällig. Erst als ich mich darüber wunderte, schaute ich näher hin und erstaunte, daß du vollkommen schön warst.

SCHAUSPIELERIN Und dann?

SCHAUSPIELER
Dann geschah etwas Dreifaches, und jedes von den dreien zugleich: Es trieb mich, zu dir hin zu gehen, dich zu packen, dich mit mir davonzutra-

gen und mit dir zusammen eine Spur von Blut und Sperma kreuz und quer durch den Kontinent zu ziehen, bis ans Ende der Zeiten, und zugleich wünschte ich, du mögest sofort und für immer von mir weggehen, damit ich allein mit deinem Bild zurückbleiben könnte, und das dritte war, daß ich selbst auf der Stelle verschwinden wollte, wegrennen über die Hügel, von dir weg aufbrechen in die Gefahr, auf der Suche nicht gerade nach dem Gral oder Goldenen Vlies, aber diesen beiden doch Gleichwertigem, jahrelang so abwesend bleiben in fremden Ländern und mich erst, wenn ich dir dort ebenbürtig geworden wäre, mit dir an einem dritten Ort zu vereinigen, als sei die Seligkeit nur zu erreichen auf solchen Umwegen. – Frag weiter.

SCHAUSPIELERIN
Hast du dir eine Vereinigung vorgestellt?

SCHAUSPIELER
Ich brauchte sie mir nicht vorzustellen, sie w a r, auf der Stelle, heiß. Dafür sah ich aber, daß ich dir, als mein zusätzliches Vergnügen, immer treu bleiben und deines Körpers nie überdrüssig würde. Dein Hintern würde sich immer neu runden unter meinem Blick, meine Hand, wenn sie zu deiner Hüfte käme, fände dort bis zuletzt heim. Und ich

sah auch: Endlich ist sie da, die vertraute Fremde aus den Träumen, die nichts tut, als dazusein und mich mit ihrer rein leiblichen Liebe zu umspielen. Und ich sah auch sofort: Unsere Lust würde gottgefällig sein – nichts gottgefälliger als unser beider Lust –, und gottgefällig selbst unsere Obszönitäten: der oder die zuständige der Götter würde darüber von den Toten erwachen und mit uns mittun. Und was ich, zwar erfüllt vom Fragen und tatsächlich davon durch und durch rhythmisiert, bei all diesen Bildern zugleich wußte: Daß ich dir nie im Leben eine Frage stellen würde wie »Liebst du mich?« oder »Woran denkst du gerade?«

SCHAUSPIELERIN
mit einem Schritt zurück: Und jetzt?

SCHAUSPIELER
gleichfalls mit einem Schritt zurück: Es kommt mir vor, wir haben so leichte Kleider an, daß wir, ohne auch nur die Hand zu rühren, ineinander übergehen könnten, mir nichts, dir nichts.

SCHAUSPIELERIN
Schritt zurück: Vor aller Augen hier?

SCHAUSPIELER
einen Schritt zurück: Sie werden es nicht sehen,

34

denn wir werden ihnen dabei durchsichtig erscheinen. Und wenn sie es sehen, werden sie es nicht
glauben, denn etwas dergleichen haben sie noch
nie gesehen. Unser Ineinanderübergehen wird in
ihren Augen ein Tanz auf kleinstem Raum sein.

SCHAUSPIELERIN
Schritt zurück: Und dann?

SCHAUSPIELER
Schritt zurück: Den Ausdruck der höchsten Hin-
gabe in deinem Gesicht werden sie für den der äußersten Verachtung halten.

SCHAUSPIELERIN Und dann?

SCHAUSPIELER
Wir werden in uns gemeinsam ein Bild sehen, das
mit jedem Atemzug größer und farbiger werden
wird.

SCHAUSPIELERIN Und dann?

SCHAUSPIELER
Du wirst nicht geschrien haben, sondern so wunderbar still gewesen sein, daß ich nicht zum An-
hängsel deiner Lust verkümmerte und die Zuschauer dir glaubten.

SCHAUSPIELERIN Und dann?

SCHAUSPIELER
So wie man manchmal an einem Baum das Laub
sich plötzlich regen sieht, obwohl es sich doch
die ganze Zeit schon geregt hat, so wirst du, die
mich doch die ganze Zeit schon angeschaut hat,
uns plötzlich anschauen.

SCHAUSPIELERIN Und dann?

SCHAUSPIELER
Wir werden vor ihnen die Augen geschlossen haben wie im gemeinsamen Nachdenken, oder gemeinsamen Schmerz über einen Verlust.

SCHAUSPIELERIN
*nach einem Schweigen unvermittelt an den da-
kauernden* PARZIVAL: Da zwischen dem da und
mir, noch bevor etwas getan ist, schon fast alles
gesagt ist, kann da aus uns überhaupt noch etwas
leibhaftig werden?

PARZIVAL
*schreckt auf und horcht um sich wie ein erwa-
chendes Kind.*

SCHAUSPIELERIN

läuft zu ihm und hockt sich zu seinem Ohr: Wieviel
Zeit wird vergehen müssen, bis die Bilder, die der
fremde Ritter dort aus seinen Träumen hinaus in die
Welt posaunt hat, von unseren heutigen Erwach-
senenkörpern, stumpf geworden von den Wieder-
holungen, gegenwartsunfähig gemacht durch die
Erinnerungen, übersetzt werden können ins Leben?

PARZIVAL

hat der Frage kopfwiegend gelauscht und klopft
nun ihren Rhythmus nach.

SCHAUSPIELERIN

Oh, ich habe vergessen: Kurze Fragen! – Wieviel
Zeit? Was für eine Zeit? Die in Tagereisen, Wald-
lichtungen und glühenden Augen wilder Tiere ge-
rechnete Märchenzeit?

PARZIVAL

nickt und schüttelt den Kopf in einem.

SCHAUSPIELER

von weitem: Beantwortbare Fragen!

SCHAUSPIELERIN

nach langer Pause zu PARZIVAL: Wer hat dich von
zuhause weggejagt?

PARZIVAL *wird starr.*

SCHAUSPIELERIN
nach einer langen Pause: Hat man dich ausgesetzt,
wie einen Hund vor dem Sommerurlaub an der
Autobahn?

PARZIVAL
rutscht weg von der Fragerin.

SCHAUSPIELERIN
*zeigt ihm wie zur Beruhigung ihre Geste – rechte
Hand auf linker Schulter:* Hast du Angst vor mir?

PARZIVAL
fuchtelt, wie um ein Insekt zu verscheuchen.

SCHAUSPIELERIN
Oh, ich habe vergessen: Im Fragen springen! –
Was sind deine Farben?

PARZIVAL
schlägt sich auf die Wange.

SCHAUSPIELERIN
Gehst du immer barfuß, oder hat man dir die
Schuhe weggenommen?

PARZIVAL

rollt sich zusammen und schlägt mit der Stirn auf den Boden.

SCHAUSPIELERIN

geht zur Seite: Ich merke, ich kann nicht fragen. Zwar hat einer der Lehrer mich einmal vor allen als ein Beispiel hingestellt, weil ich die einzige sei, die nichts als gegeben hinnehme und bei allem das Warum wissen wolle. Aber das war wohl ein anderes Fragen. Hängt mein Nichtfragenkönnen jetzt damit zusammen, daß ich nie trösten konnte? Nie das richtige Trostwort fand? Also die Rolle des Fragers weitergeben und fürs erste nur noch still über die Hügel? Leitspruch aus meiner Gegend: »Sei da und sei still!« *Sie geht weiter zur Seite.*

DER SPIELVERDERBER

tritt auf PARZIVAL *zu:* Jeder weiß doch, mit welcher Frage man Kinder und Idioten, die sich verirrt haben und vor Angst außer sich sind, zunächst einmal beruhigt, damit sie einem wenigstens zuhören. (*Er legt* PARZIVAL *die Hand auf den Kopf, den dieser nun noch mehr einzieht:*) Wie heißt du?

PARZIVAL

setzt sich jäh auf und fletscht ihm die Zähne.

SPIELVERDERBER

zunächst wieder in die Runde: Aus vieljähriger eigener Erfahrung weiß ich, was ich einen zu fragen
habe, der mir nicht wohlgesonnen ist. – Lebt deine
Mutter noch?

PARZIVAL

springt auf die Beine und packt ihn am Mantel.

SPIELVERDERBER

so gut es geht in die Runde: Von Flüchtlingskin-
desbeinen an weiß ich, daß man die Verfolger be-
sänftigt oder zumindest stutzig macht, indem man
ihnen mit der Frage nach ihrer Heimat kommt,
und zwar nicht der großen – nicht nach dem
Vaterland –, sondern der kleinen, der kleinst-
möglichen aller Heimaten: dem Dorf, dem Stadt-
teil, der Straße. (*Zu* PARZIVAL:) Wo genau bist du
geboren?

PARZIVAL

stutzt, ohne ihn freizugeben.

SPIELVERDERBER

In welcher Himmelsrichtung lag dein Zimmer?
Schien die Sonne am Morgen herein oder am
Nachmittag?

PARZIVAL
die Hand weiter an des anderen Kragen, erinnert
sich sichtlich, stumm.

SPIELVERDERBER
An welchem Ort im Haus warst du am liebsten?
Wo hast du am besten für dich sein können? Was
war der Winkel, wo du keine Angst haben muß-
test?

PARZIVAL
nach einer Pause, lächelt plötzlich, dann wieder
und wieder, und atmet zuletzt durch, worauf ihm
die Hand vom Hals des Gegenübers sinkt.

SPIELVERDERBER
Was sahst du beim Blick aus deinem Fenster?

PARZIVAL
vertieft sich, Ruck um Ruck, in seine Bilder und
begleitet sie mit Fingerzeigen, wie mit einer Schrift.

SPIELVERDERBER
Wenn du in deinem Winkel saßst: Was hast du
von dort aus gehört? Was war der Grundton?

PARZIVAL
fängt nach einiger Zeit mit geschlossenen Lippen

zu summen an, in einem Ton, der, auf immerglei-
cher Höhe, mit dem Anschwellen sonor wird, bis
er den Raum füllt und abbricht, worauf Parzival
ohne Arme voran zu Boden stürzt und dort liegen-
bleibt.

SPIELVERDERBER
in den Kreis: Habt ihr gesehen? Lauter richtige Fragen. Lauter Treffer. – Und nun muß ich in meiner
Heiß-Kalt-Kur nur noch die genau falschen Fragen
finden, damit das einsame Kind die Spielregeln
schockhaft begreift, von seiner Verbannungsinsel
zu uns übersetzt und endlich mit uns mitspielt. (*Zu*
PARZIVAL *gebeugt:*) Kind Parzival, wo verlief an
deinem Ort die Grenze, jenseits derer in einem
Schlag die Heimatluft abflaute, das Heimatlicht
ergraute, und du dich herausgezerrt sahst aus deinem Farbenwinkel in die Fahl- und Wirrnis?

PARZIVAL
hebt im Liegen, wie um sich eine solche Grenzlinie
vorzustellen, den Kopf, schnellt dann herum und
tritt den Spielverderber von sich weg.

SPIELVERDERBER
Kind Parzival, wem gibst du die Schuld an deiner
unheilbaren Wunde?

PARZIVAL

schlägt jäh ein schwer klirrendes Kettenstück auf den Boden und steht dann langsam auf.

SPIELVERDERBER

flüchtet in den Abstand und sagt von dort, nach einer Pause: Sohn Parzival: Was fehlt dir?

PARZIVAL

geht, die Kette in der Faust, langsam auf den anderen los, der nun weiterflüchtet und dabei sein Repertoire von Fluchtarten vorführt.

SPIELVERDERBER

indem er immer wieder auf einer der Fluchtstationen innehält, in den Kreis: Nur ruhig, ich bin Herr der Lage! *Dann aber, in die Enge getrieben, flüchtet er sich zwischen die übrigen, die sich um ihn zusammenschließen.*

PARZIVAL

bewegt sich, mit der Kette in die Luft schlagend, in einem wankenden Amokgang auf die Gruppe zu, die sich kreuz und quer über die Bühne zurückzieht.

MAUERSCHAUER

stellt sich ihm entgegen und weist mit dem Arm in

eine Richtung: Siehst du den Spatz dort, wie er auf einem Grashalm schaukelt? Und jetzt dort auf einem Blitzableiter?

PARZIVAL *schaut.*

MAUERSCHAUER
weltläufig zu den andern: Nach meiner Meinung sind in seinem besonderen Fall vor allem die sogenannten »W-Fragen« zu vermeiden. In dieser Hinsicht ist Parzival ja ein gebranntes Kind. Es dürfen ihm demnach nur Fragen gestellt werden, die weder mit einem Wer? oder Was?, weder mit einem Wo? oder Wann? und schon gar nicht mit einem Wie? oder Warum? beginnen, und einzig beantwortet werden können mit Ja oder Nein.

PARZIVAL
läßt die Kette an ihm vorbeisausen.

MAUERSCHAUER
nachdem er sich mit einem Sprung gerettet hat, sofort weiterfragend, doch ohne Frageton: Dort, hinter dem Damm, siehst du die Stromleitungsmasten. Siehst du, wie sie beim Hinschauen ins Schaukeln geraten. Siehst du, daß es Schiffsmaste sind. Daß sie aus Metall sind. Du hörst das Klingeln der Segeldrähte am Metall. Du hörst nichts sonst, kein

einziges Segelknattern. Du hörst von einem Ende
der Bucht zum andern nichts als das Zirpen der an
die Masten schlagenden segellosen Stahldrähte
von Tausenden Rumpf an Rumpf nebeneinander-
liegenden Schiffen.

PARZIVAL
hat in seinem Rasen eingehalten und horcht.

MAUERSCHAUER
von neuem weltläufig an die andern: Wie man
sieht, sind bei Fragen an ihn zusätzlich alle Frage-
Intonierungen zu vermeiden. Es hat danach den
Anschein, es sei in ihm noch etwas von der Ur-
sprünglichkeit jener Völker erhalten, die zwar Fragen haben wie wir, jedoch unseren Frage t o n f a l l
nicht kennen, und für die das Stimmeanheben von
uns Heutigen am Ende unsrer Fragesätze das Un-
verschämte und Aufreizende des auf der ganzen
Welt allein schon für die Fragestimmen seiner Kinder berüchtigten Herrenvolkes hat. *Er kehrt zurück zu dem weiterlauschenden* PARZIVAL: Schönes Zirpen, ja?! Es heißt Sommer und Freiheit,
ja(?!) Freiheit von den vier Wänden, der Decke
über dem Kopf, den Stimmen der Nachbarn hinter
den Zäunen, den Eigentümergeräuschen, Freiheit
vom Deutsch-, Dänisch-, Türkisch- und Spanisch-
sein, ja. Du hast kein Heimweh mehr, ja. Es zieht

dich, unter diesem freieren Himmel zu sein und unter diesem Klingeln bis zum fernrückenden Tod mit uns unterwegs zu sein, ja?!

SPIELVERDERBER
aus dem Schutz der andern heraus: Und auch die Blutstropfen im Weg nimmst du als Zeichen des freien Unterwegsseins, geschehen beim Konservenaufschlitzen, ja?!

PARZIVAL
holt aus und schlägt den MAUERSCHAUER *auf die – von Reisegamaschen geschützten – Füße.*

MAUERSCHAUER
geht zurück, nicht auf der Flucht, sondern um PARZIVAL, *der wie blind dasteht, so besser im Auge zu haben, und blickt abwechselnd über die Schulter und nach vorn:* Nach meiner Ansicht bin ich mitschuld an dem Schlag. Wahrscheinlich ist uns heutzutage der Frageton schon eingeboren und nicht mehr wegzukriegen, und wahrscheinlich bilden ihn, entgegen unserem Willen, auch schon unsere Körper ab. So fragt ihr Alten jetzt weiter. Vielleicht gibt es bei euch noch eine Verwandtschaft zu diesem Primitiven. Jedenfalls scheint er wie ihr einer aus der Gegend der Heimwärtsplärrer zu sein. Nach meiner Ansicht steht es in der Macht von

euch Alten, dem Urmenschen da die Wohltat jenes Fragens zu erweisen, das auch ihn unterwegs mit uns heimisch machen wird.

SPIELVERDERBER
Wer sagt, daß es das Heimweh ist? Vielleicht verträgt er nur das Gefragtwerden nicht, in welcher Form auch immer?

MAUERSCHAUER
Das Fragen abbrechen geht jetzt nicht. Das Spiel muß weitergehen.

SPIELVERDERBER Warum?

MAUERSCHAUER
Wir haben uns auf das Fragen eingelassen, und ohne Fragen kommen wir aus dem Fragen nie mehr heraus.

SPIELVERDERBER Mit Fragen aber wohl?

MAUERSCHAUER
Mit Fragen zwischendurch doch. Und mit Fragen bleiben wir zugleich im Spiel. Und haben dessen Züge in der Hand. Freizügig im Wortsinn. Immer auf dem Sprung zur nächsten Frage, ganz woandershin. Trotzdem nach einer Regel. Die erst zu

suchen ist. Durch unser Spiel. Auf dem Weg unsres Immerweiterfragens. Damit wir, wenigstens zwischendurch, einfach nur dasein und im Fraglosen ausruhen können. *Er macht Platz für das* ALTE PAAR.

DAS ALTE PAAR

im Singsang, sich dabei abwechselnd: Nie habe ich von mir aus gesungen, bis das Sterben eines Nachbarn mich zum Singen gebracht hat. – Nie habe ich von mir aus gesungen, bis der Ekel vor dem Leben mich zum Singen gebracht hat. – Ich bin im Umkreis des Sterbenden über die Felder gegangen und habe auf einmal zu singen angefangen. – Ich bin mit meinem Lebensekel stumm in der Küche gestanden und habe auf einmal zu singen angefangen. – Ich bin im Licht des Sterbenden immer weiter von ihm weggegangen und habe über die abgeernteten Felder hin ein Triumphlied gesungen. – Ich bin im Kampf gegen meinen Ekel laut summend durchs Haus getänzelt, und jeder hat sich gewundert über meine plötzliche Fröhlichkeit. – Mein Singen war ohne Worte und ist mehr und mehr zu einem Gebrüll geworden, unter dem ich den Boden gestampft habe, und das Licht des Sterbenden hat mir an den Feldhütten die hintersten Winkel herausgestrahlt. – Nur die Haustiere haben sich vor meinem unausgesetzten Summton verkrochen, und die Vögel haben sich stumm in die Bäume geduckt, und auf der Straße die Kinder, statt mich zu grüßen, sind vor mir weit zur Seite getreten. – Bis hinters dritte Dorf bin ich von dem Sterbenden weg in seinem Licht johlend dem Zickzack der Feldwege nachgegangen, habe das Sterbelied hinausgebrüllt über einen spiegelglatten Schwarzwasserteich, habe es hineingeschmettert in einen spiegellichten Wald, und spürte, als ich endlich nur noch stumm im leeren Land hinter dem Spiegel stand, am Kopf hier momentlang das Strömen der Emmausluft, doch wie ich am Abend zurückging, war da im Nachbarhaus noch immer die weithin hörbare Atemnot, stand drinnen im Haus noch immer der Haarwirbel eines Menschen im Todeskampf auf, war es noch immer nicht der niedergekämmte der bloßen Hülle. – Und als ich mir den Lebensekel endlich von der Seele gesummt hatte, hat mich zuhause statt des nicht sauberzukriegenden Krams für einmal der Hausrat des Feierabends erwartet, ist mir die Tür neu umkränzt erschienen, hat noch einmal die Liebe mich über die Schwelle getragen, stand freundlich, in Gestalt eines Tellers, die Welt vor mir. *Pause.*

PARZIVAL
erst stammelnd und stotternd, setzt vernehmlich zu sprechen an: Vater unser, der du bist im Himmel –

Hier wacht ein Dobermann – Ist mild und schmeckt – Gelassen stieg die Nacht an Land – Nur an Schultagen – Ich bin nicht gern, wo ich herkomme – Aber sprich nur ein Wort, und so wird meine Seele gesund – Fern, so fern vom Heimatland – Fußgänger in die Unterführung – Das war der schönste Tag in meinem Leben – Wenn einer eine Reise tut – A und B sitzen im Klee – Das Ohr hört nachts Sonatenklänge – Lustig ist das Zigeunerleben – Brennend heißer Wüstensand – Um ein Grammäquivalent eines Stoffes abzuscheiden, brauche ich 96 500 Kilokalorien – Klebt alles – Wie auch in der Stunde unseres Todes – Von wo niemand wiederkehrt – Wenn man trotzdem lacht – Wenn die Not aufs Höchste steigt – Solang der Bauch in die Weste paßt – Nächtlich am Busento – Non é possibile – Et moi et moi et moi – Reisen bildet – Dober dan – $E=mc^2$ – Wir müssen leider hier draußen bleiben – Nahm er das Brot, brach es – Wo ich die Liebste fand – Phalatrsnawayragya – Sonst wird dich der Jäger holen – Nächste Station: Hakubutsukandobutsuen – Toisin autoisin potamoisin epibainusin hetera kai hetera hydata epirrhei – Somewhere I lost connection – Miserere nobis – O wär ich nie mehr allein! *Parzivals Reden erscheint zugleich als ein unausgesetzter Versuch, es von sich abzuschütteln. Je mehr er es aber loswerden will, desto mehr davon kommt nach.*

50

Auch als er nun verstummt, redet es augenschein-
lich pausenlos in ihm weiter. Immer noch wie
blind, schlägt er sich zuletzt selbst auf den Schä-
del, erst mit der Faust, dann mit dem Stück Hun-
dekette.

DIE SCHAUSPIELERIN
hängt dem um die Kiefer Hetzenden einen Spiegel
in den Baum.

PARZIVAL
stockt, bekommt einen Blick, betrachtet sich
lange im Spiegel oder schaut sich nur in die Augen.
So blickt er nun auch um sich und seufzt dann,
einen geradezu kunstvollen, langandauernden
Seufzer der Linderung.

SPIELVERDERBER
ihn dabei unterbrechend: Mund auf, Augen zu.
Aller Augen warten auf dich. Leise flehen meine
Lieder. Laß mich in deine Augen schauen. Dies
Bildnis ist bezaubernd schön. Unter einem Regenschirm am Abend. Schau dich nicht um. Mehr
Licht. Ins Offene, Freund. Reich mir die Hand,
mein Leben. Ägyptische Finsternis. Gnothi seau-
ton. Olio extra vergine d'oliva. Letzte Tankstelle
vor der Autobahn. Umweltfreundlich. Edel sei der
Mensch. Perestrojka! Meergrün ...

PARZIVAL

der zunächst zurückgewichen ist und mit hängenden Armen dasteht, wie im Versuch, dem Reden mit dem Kopf hin und wieder auszuweichen, macht sich nun auf den Weg, Schritt für Schritt auf das Häuflein der anderen zu, sehr langsam, das Ende der Hundekette über den Boden schleifend.

SPIELVERDERBER

ruft ihm aus der Gruppe heraus entgegen: So beruhige dich. Ich muß das Spiel doch in Gang halten. Keine Wunderheilungen auf unserer Reise. Keine Billiglösungen durch Singspiel und Spiegeltrick. Unsere Wunden sind möglichst lange offenzuhalten. Dieses Reden in dir und mir ist ja nichts anderes als die Krankheit des Fragens. In uns die Fragezentren sind heutzutage krank. Sind in den Kopf gewandert. Können keine richtigen Fragen mehr bilden. Sind deshalb in unseren Köpfen ausgebrochen als die Pein des Geredes. Welches jede Frage erstickt. Welches die Herzen auffrißt. Welches mit uns aufräumen wird, wenn wir, statt von der Wunde abzulenken, ihr nicht auf den Grund zu gehen versuchen. Wenn wir nicht weiter mit Eifer und Zorn unsere Krankheit des Fragens erforschen. Denn es muß eine Ursache geben. Denn aus allen unseren Zufälligkeiten muß wieder eine Notwendigkeit werden.

MAUERSCHAUER
übernimmt seine Rolle: Der Palast des Fragens
muß neu aufgebaut werden. Die steinernen Stand-
bilder der Fragen müssen Atem holen und die Ohren spitzen. Die Phantasie des Fragens darf nicht
gefesselt bleiben. Der Frage-Kirschgarten darf
nicht abgeholzt werden.

PARZIVAL
*setzt seinen Gang fort und beginnt die Kette zu
schwingen.*

DER SCHAUSPIELER
*tritt vor, nimmt sich die Sonnenbrille ab und sucht
PARZIVALS Blick.*

PARZIVAL *holt aus.*

SCHAUSPIELER
*dreht ihm, nach einem Schritt hinter ihn, das
Handgelenk, worauf die Kette zu Boden fällt, und
im nächsten Augenblick PARZIVAL dazu.*

DER ALTE
*tritt sofort dazu und fesselt den auf dem Bauch
Liegenden sachkundig.*

SCHAUSPIELER
wendet sich ab, wirft die Sonnenbrille zu Boden und legt sich den Arm über die Augen.

SCHAUSPIELERIN
gesellt sich im Abstand zu ihm.

SPIELVERDERBER
in den Kreis, auf den Schauspieler deutend: Der hat sich seine Rebellion wahrscheinlich anders vorgestellt.

SCHAUSPIELER
bedenkt ihn mit einem Blick wie einen Feind.

SPIELVERDERBER
läßt sich auf das Messen ein.

MAUERSCHAUER
täuscht zur Ablenkung eine Betrachtung der Ferne vor.

DAS ALTE PAAR
hält einerseits dem SCHAUSPIELER *versöhnlich die Brille hin, andrerseits der* SCHAUSPIELERIN *den Spiegel: zweimalige Zurückweisung.*

PARZIVAL *tritt auf dem Boden um sich.*

DER EINHEIMISCHE

erscheint. Er wirkt, durch die Feder am Hut und den Haselstock, jägermäßig gekleidet, hat den Stock auch geschultert wie ein Gewehr. Im anderen Arm trägt er eine kleine Birke samt Wurzelkiste. Er scheint die Gruppe nicht zu sehen und redet im Gehen hinauf zu seinem Baum.

EINHEIMISCHER

Hier sind wir. Hier sind wir zuhause. Du wirst es gut haben bei mir. Wir sind hier ganz hinten. Einerseits hinter den Dünen, andrerseits hinter dem Wald. Keine Wetterseite, die dich verkrüppeln wird, kein Wild, das dich verbeißen wird. Also kein Grund mehr zu zittern, Birke. Höchstens werde ich dir ab und zu ein Stück von deiner überschüssigen Haut abreißen und auf den Naturlinien die Briefe meiner ausgewanderten Kinder beantworten. Und du bekommst auch gleich Gesellschaft. *Er stellt die Birke neben die Kiefer und dreht sie so, daß ein Zweig des einen Baums sich mit einem des andern verzahnt:* Dein Lichtgrün in seinem Finstergrün, seine Magnetspäne durchflochten von deinen Herzblättern, deine Kätzchen sich reibend an seinen Zapfen, sein Sichbäumen zusammen mit deinem Erschauern, dein tausendblättriges Rauschen im Wechsel mit seinem einstimmigen Sausen. *Er geht in Betrachtung um das Baumpaar herum.*

Dann plötzlich tritt er wie mit der Maske eines
Grundeigentümers hinter den Bäumen hervor,
zielt mit dem Stock zum Himmel, wie um dort
Vögel herabzuschießen, geht mit großen Schritten
auf die Gruppe zu, wobei an seinem Gürtel ein
Riesenschlüsselbund klirrt, und setzt zu einer
Reihe von Tätlichkeiten an: stößt den daliegenden
PARZIVAL *gegen die Sohlen, treibt den nächsten*
zurück mit seinem Stock, konfisziert von den zwei
ALTEN *die von ihnen gehaltenen Gegenstände,*
rempelt die im Weg Stehenden gleichsam von sei-
nem Grundstück.

PARZIVAL
hebt den Kopf vom Boden und schaut ihm zu, wie
beruhigt von dem Schauspiel eines, der sich noch
wahnwitziger gebärdet als er selbst.

EINHEIMISCHER
seine Szene mit einem Lächeln abbrechend, indem
er die geballte Faust öffnet und daraus jedem zum
Zeichen der Gastfreundschaft eine Beere anbietet,
die konfiszierten Sachen zurückgibt und mit einer
Verbeugung den Hut zieht – wobei ein Stirnver-
band sichtbar wird: Ich bin ein Einheimischer.
Aber ich bilde mir nichts darauf ein. Ich starre nicht
jedem Fremden entgegen mit der Drohung: Wehe,
du grüßt nicht als erster. Ich äuge nicht durch den

Vorhangspalt, denn ich habe keine Vorhänge. Bei mir gibt es kein Warnungsschild vor einem Hund, der von seinem Herrn selber »böse« genannt wird. Ich habe kein Haus, nur einen Garten dort hinten in der Wildnis, mit einer Hütte dazu, die Tür so niedrig, daß ich mir immer wieder den Kopf anstoße. Man sieht es mir vielleicht nicht an, aber ich bin hier selbst ein Auswärtiger. Obwohl ich so gern Auskunft gebe, darf man mich nichts fragen, denn ich erkläre jeden Weg falsch. Wie oft schon, wenn ich im nachhinein die Verkehrtheit meiner Auskunft erkannte, habe ich mich vor der Wut der in die Irre Geschickten hinter die Büsche versteckt. Meine Frau hat mich verlassen, weil ich angeblich so fremd dreinschaue. Die Tochter ist ausgewandert, der Sohn bei der Fremdenlegion. Ich bin ein Einheimischer und entsetzlich ruhelos. Ich halte es daheim nicht aus und ziehe ziellos herum, und überall ist es falsch, und so schleppe ich mich wieder nachhause und verfehle regelmäßig die Abzweigung. Bei den anderen heiße ich »der wandelnde Atlas«. Das alles kommt daher, daß ich, fast noch ein Kind, in die Jugendstrafanstalt dort hinter den Bergen, nein, dort, oder dort?, gesteckt worden bin, für fünf Jahre, zwei Monate und drei Tage, wegen Totschlags an meinem Vater. Ich habe ihm im Schlaf mit der Hacke den Schädel eingeschlagen. Noch heute, wenn ich in der Zeitung von etwas Ähnlichem lese, hole ich in Gedanken wieder mit aus und sage: »Richtig!« Als ich aus dem Gefängnis heimkehrte, hatte ich keine Augenlider mehr. Und sie sind mir bis heute nicht nachgewachsen. Seht her. Um das zu verbergen, drehe ich bei jeder Begegnung den Kopf zur Seite und schaue woandershin. So heiße ich auch »Der Mann, der den Zügen nachschaut«, oder »Der Kinderschreck«. Nur vor Fremden senken sich manchmal wieder Lider, schön schwer und weich, herab hier auf die brennenden Augen. Von ferne, als ich euch sah, hatte ich Angst, ihr wärt Einheimische, und ich wollte schon umkehren wie vor wegelagernden Hunden. Dann aber erkannte ich in euch, wie heißt es doch?, eine kleine schickliche Schar von Fremden. Und woran erkannte ich euer Fremdsein? An euren gleichmäßigen Stimmen. Die Einheimischen hier sind entweder lauthals, oder sie tuscheln. Wann ist dieses Tuscheln ins Land gekommen? Gottlob, Fremde! habe ich gedacht. Euch zu begegnen, wie oft hat es mich schon zur Besinnung gebracht. Kein Herumirren mehr, kein Anschlagen der Stirn an der Oberschwelle, kein Zeigen in einen Norden, wo in Wahrheit der Süden ist. Horizont der gütigen, von der Weglust geweiteten Augen von euch Fremden. Auch wenn sie mich gar nicht ansehen: ein Zug von Farben, die sprechen. Sprache genug für mich – brauche kein Sprechen mit

Tieren und Pflanzen mehr. Meine Frau, wenn sie mich jetzt sähe, würde sich erinnern, daß sie mich einmal geliebt hat. Ihr Fremden seid mir vertraut, ich kenne euch alle. *Zum* ALTEN: Du bist der, von dem man sich immer wieder erzählt, du seist gestorben, und auf einmal tauchst du auf und suchst ein verlaufenes Kalb. *Zur* ALTEN: Du bist die, die ihrem Enkel ein Eis kauft und daneben selbst einen ganzen Becher aufschleckt. *Zum* MAUERSCHAUER: Du bist der, der es immer so eilig hat, seine Begeisterungen mitzuteilen, daß er sie im stillen schon immer wieder geäußert hat und vor den andern dann den rechten Moment nicht mehr findet. *Zum* SPIELVERDERBER: Du bist einer, der den andern das Böse möglichst in das Gesicht sagt, und in ihrer Abwesenheit sie nach Kräften hochhält. *Zum* SCHAUSPIELER: Du bist der, der sich immer hat unsichtbar zaubern wollen und dessen Anblick dann einen jeden sofort zum Freund oder Feind macht. *Zur* SCHAUSPIELERIN: Du bist die, von der ich nichts sagen darf, außer daß du vielleicht keine bist, an der schon der Tonfall oder die in die Hüften gestützten Arme den Beruf verraten. *Er beugt sich zu* PARZIVAL: Nur von ihm kann ich gar nichts sagen. Oder doch: von seinem Scheitelwirbel. Mein Sohn in der Fremdenlegion hat diesen Wirbel nicht mehr, der Soldatenfriseur hat ihn weggestutzt. Und auch der Ehrgeiz der Einheimischenfriseure ist es, diese Widerspenstigkeiten zu glätten und zu überdecken. Nur manchmal, wenn zum Beispiel ein Schulbus vorbeifährt, am besten am Übergang von der Straße auf die Brücke, wo dann durch den ganzen Bus für einen Moment ein einziges Aufhüpfen von Haarwirbeln geht, sehe ich noch diese dunklen Herzen der Welt aufleuchten. Eine neue Menschenkunde sollte bei diesen Wirbeln beginnen. Friseure, was habt ihr mit unseren Haarwirbeln gemacht, unseren letzten Indianerfedern, unseren angeborenen Judenkappen. *Er entkettet* PARZIVAL, *hilft ihm auf die Beine und führt ihn hinten an eine Stelle der Bühne, wo sie als Rampe hinausläuft ins Leere. Dort stampft er auf: ein metallisches Dröhnen, wie von einer Brückenwaage, dazu das entsprechende Schwanken.* PARZIVAL*, dort alleingelassen, wird sichtlich vom Untergrund hin und hergewiegt. Der* EINHEIMISCHE*, der in seiner Nähe bleibt, fordert mit einer Geste von den anderen Stille: ein tiefes Schwirren und Klingen wie von Schienen, auf denen ein Zug sich nähert. Ohne sichtbar zu werden, dröhnt dieser dann vorbei, und ihm nach kommen Fetzen von Papier und Zeitungen auf die Bühne geflogen, während das sonore Klingen noch anhält. Wie in Erwartung einer Fortsetzung stampft* PARZIVAL *auf der Brückenwaage auf und ab, wobei er sich fragend umblickt nach dem Einheimischen.*

EINHEIMISCHER
Beruhige dich, Kind. Dort hinten kommt bald der
nächste Zug.

PARZIVAL
*macht sich sofort dahin auf den Weg, fordert die
andern mit einer Kopfbewegung auf, ihm zu folgen. Wie ungeduldig wartet er, daß sie sich sam-
meln. Das tun sie gemächlich, zugleich mit einem
Aufschwung von Übermut. Die* ALTE FRAU *löst
sich das Kopftuch und bindet es der jungen* SCHAU-
SPIELERIN *um, welche ihr dafür die Tasche ab-
nimmt; der* ALTE MANN *setzt* PARZIVAL *seinen Hut
auf und sich selber des* SCHAUSPIELERS *Sonnenbrille.* PARZIVAL *und er, die Hand auf der Schulter
des Jungen, bilden die Spitze des Zuges, der sich
nun, auf den tiefstmöglichen, langsichhinziehen-
den Einton einer Riesenmundharmonika, vom*
EINHEIMISCHEN *aus seinem Wams gezaubert, be-
dächtig in Bewegung setzt. Der Überseekoffer
wird getragen von dem* SCHAUSPIELER *und dem*
MAUERSCHAUER, *der eine am Griff vorn, der andre
hinten. Der einzige, der noch zögert, ist der* SPIEL-
VERDERBER.

MAUERSCHAUER
einmal nach vorn, einmal zurück zum SPIELVER-
DERBER *blickend und, was er in der Ferne sieht, mit*

dem ganzen Arm nachzeichnend: Schau, dort hinter dem Wald das Spiegellicht. Und weiter dort, hinter dem Hügel, der frisch sich wölbende Himmel: Blau, Blau, und noch mehr Blau! Und weiter dort, hinter der Paßscharte, der Aufwind aus der Heimat des Fragens. Und weiter dort, hinter dem Fluß, der Schwemmkegel mit dem dunklen Fleck, der ein Eichenhain ist und bei unsrer Ankunft neu dröhnen wird wie das Orakel mittenhinten in Griechenland. So nähern wir uns langsam der Stille. Ohne die Stille dort hinten kein Bild. Und ohne das Bild keine Frage. Auf, seltsamer Freund, du wirst auf den Hinterwegen gebraucht. Empor das Herz! *Er zieht ein Buch aus der Windjacke und liest laut im Weitergehen:* »Am zwölften Tag des Fünften Mondes brachen wir von Misushima auf nach Hiraizuma, über Orte, von denen wir in Gedichten gelesen hatten, so wie Anehano-Matsu und Odae-bashi, doch der Weg schien kaum benutzt, außer von Jägern und Holzarbeitern. Weil wir nicht wußten, wo wir waren, verirrten wir uns und landeten in einer Hafenstadt namens Ishi-no-Maki ...«

SPIELVERDERBER
zögernd im Aufbruch auf dem unsichtbaren Pfad, auf dem die andern in der Schräge langsam leicht aufwärtsziehen: Und das Spiegellicht, sowie wir

hinter dem Wald sind, wird ein schmutziges Grau sein. Und der Himmel hinter dem Hügel wird kanalrohrniedrig sein. Und der Fragewind hinter dem Paß wird mit unserer Ankunft augenblicks abflauen. Dafür Hunde, Hornissen und Schlangen. Und hinter dem Schwemmkegel vom Fluß werden die Schubraupen krachend und klirrend Tag und Nacht den Schotter abbauen. Ohren zu! – die ich im übrigen auch für ein noch und noch rauschendes Orakel nicht mehr hätte. (*Er sieht sich um mit seinem Flüchtlingsblick, und dann zu Boden:*) Nur kein Fernblick! Augen auf die Schuhspitzen beim Gehen. (*Er schaut wie erstaunt auf:*) Seltsam. Eigentlich freue ich mich! Ja, Freude, über das Unterwegssein. Aber es gibt doch keinen Grund zur Freude, oder? Daß ich mich im Moment freue, ist das nicht ein Zeichen, daß ich mir im nächsten Moment den Fuß breche, oder daß ein Jäger auf mich schießt? Freude: das heißt doch, gleich werden die Hiobsbotschaften eintreffen? – Und schon der bekannte Stich im Herzen: Strafe dafür, daß ich mein Wohlgefühl ausdrückte. Und schon ist die Freude vorbei. Und schau dir den Unglücklichen hier an: Also war es doch falsch, daß ich mich freute? – Seltsam, wenn mir nichts fehlt, dann fehlt mir etwas. *Sie gehen alle ab zu einem letzten Ton der Harmonika, zuletzt gebückt unter Kiefer und Birke hindurch, die ihnen dabei mit den Zweigen*

die Haare zerzausen. PARZIVAL *nimmt den* ALTEN
auf einmal Huckepack.

EINHEIMISCHER
ihnen nachblickend: Abgehen hieß früher sterben ... – Eigentlich keine schlechte Gesellschaft:
Alle Generationen miteinander, Alte, Mittelalte,
Junge, ein Fastkind. Ein Idiot, zwei Königskinder,
einer, dessen Güte sein unverwüstliches Schauen
ist, ein nützlicher Schwarzseher, ein im Wegeaus-
kundschaften erfahrenes Landmenschenpaar. –
Aber ein wie ungewisser Weg, und wie schwach sie
sind, ohne Rüstung – und dabei wie beladen, sie
alle! Wie schlingert ihr Schiff in unbekannten Mee-
ren. Und wie unwillkommen ihresgleichen heute
allüberall. Den Fragemenschen, den Forscher,
werdet ihr heutzutage daran erkennen, daß er ein
Flüchtling ist. (*Er streckt den Stock nach den Ent-
schwundenen aus:*) Mögen sie – ohne es zu verleug-
nen – das Schwere verlieren und das Leichte gewinnen. Möge das Weitere ihnen leichter werden, und
mögen vor allem sie selber sich leichter werden.
Mehr Spiel auf ihrer Forschungsreise! Herzhaftes
Spiel. Haben sie nicht gerade ihre Schonzeit? So
mögen sie diese weiter nützen. Bel Pacific! Zeit genug! Weiter ins Hinterland mit ihnen! Und mögen
sie vom Fragen immer wieder ausruhen dürfen.
Nicht immer nur fragen. (*Indem er sich den Hut*

64

wieder aufsetzt, geht mit ihm eine Verwandlung
vor sich. Der Stock erscheint wieder als Gewehr,
der Schlüsselbund rasselt, im Wamsschlitz hinten
blinkt ein Patronengurt. Mit veränderter Stimme:)
Sie, die Frage w u n d e n – und ich, der Frage t o t e.
Seit meinen fünf Jahren, zwei Monaten und drei
Tagen im Jugendzuchthaus ein Fragetoter – und
ein Fragetot. (*Er schlägt seinem Vater noch einmal*
den Schädel ein:) Von mir werdet ihr keine Fragen
hören, oder wenn, dann Scheinfragen. Ich kenne
nur unnütze Fragen. Und ich hasse jeden Frager.
Wir brauchen keine Frager mehr. Wir brauchen
keine Träumer mehr. (*Wieder eine Verwandlung –*
in Panik:) Wo bin ich? Fremde, zeigt mir den Heim-
weg. Oder seid ihr wieder nur die üblichen Einheimischen? Dann nichts wie weg! (*Ein Moment des*
Innehaltens:) Alter Wanderpoet! Dein »Hauslos
zwischen Himmel und Erde / Z w e i Wanderer«,
stimmt das denn noch? Geht ein Einsamer auch
heute noch zu zweit mit seinem Gott? *Er rennt von*
der Bühne, zuerst in die eine, dann in die andere
Richtung, und zuletzt ist von ihm noch der Krach
zu hören, mit dem er irgendwo anstößt. Im Dun-
kelwerden fernes Hundegebell, und darüber eintö-
nige Habichtschreie.

3.1

*Die Bühne ist um einen weiteren Kompaßstrich
ins Hinter-Land gerückt. Das Baumpaar, zum
Rand hin verschoben, steht dort inzwischen in
Gesellschaft eines dritten Baums, etwa eines Wa-
cholderkegels oder eines Holunders. Das Hinterland wird bezeichnet durch das Abgekehrtsein der
Bäume und mehr noch der Gegenstände dahinter:
des gleichsam letzten einer Reihe von Zaunpfäh-
len, der Rückenansicht einer verwitterten Bank,
eines Prellbocks wie am Ende einer Eisenbahn-
strecke, eines verlassenen Grenzturms. Spätsom-
merlicht wie nah am Polarkreis. Großer Himmel,
der die Dinge allseits umwölbt und ihnen klare
und zarte Formen gibt. – Ins Licht dieses letzten
Grenzlands treten nun, angekommen auf den
Bahnschwellen, der* MAUERSCHAUER *und der*
SPIELVERDERBER. *In der Zwischenzeit sind sie
beide die Träger des Überseekoffers geworden,
den sie bei den Bäumen abstellen. Dem einen ist es
wie immer zu warm, dem andern wie immer zu
kalt, und sofort auch erkundet er den Ort nach
den da möglichen Fluchtwegen.*

MAUERSCHAUER
die Gegend nachziehend, und dann mit Blick auf
den auswegsuchenden SPIELVERDERBER: Fühlst
du dich immer noch nicht in Sicherheit?

SPIELVERDERBER
Im Augenblick ja. Aber allein das Gefühl von Sicherheit macht mich sofort wieder unsicher. Schon
im nächsten Augenblick kann wieder eine dieser
Pfeifen lostrillern. Meine Momente von Sorglosigkeit waren jeweils so selten, daß ich mich an jeden
einzelnen von ihnen erinnere. Und diese Erinnerungen brennen wie eine Schuld. Einmal bin ich
einfach querfeldein gegangen und habe mich für
einen Moment Sorglosigkeit nicht nur wohl, sondern sogar in der Landschaft willkommen gefühlt,
und schon ist brüllend ein Riesenhund auf mich
losgeschossen, und von der anderen Seite gleich
noch einer. Recht so! habe ich mir gedacht, und nur
die Ruhe dieses Recht so! hat mich dann gerettet. –
Nein, das Fluchtwegwittern steckt mir im Blut, es
ist meine Art von Geistesgegenwart.

MAUERSCHAUER
Auf mich dagegen wirken die Momente von Sorglosigkeit als ein Freisprechen. Sorglos sein, heißt
für mich: Ich darf sein – auftreffen mit dem Blatt
auf der Erde, herumpicken mit den Spatzen im

67

Kies, grünen mit dem grünen Gras, durchscheinen mit dem durchscheinenden Schnee. Gebet des Daseins, bestehend einfach im Dasein, hier, jetzt – solange Friede ist. Mein Recht so! ist das Gegenteil zu dem deinen: »Ich habe noch kein Buch angeschaut, und der Morgen sagt: Recht so! Ich denke an nichts als den Morgen, und die Amsel sagt: Recht so!« Sorglos, stecke ich im Vorbeigehn den Kopf in einen Wassertrog oder trete barfuß in eine Kuhflade. Aber das Übel der Übel ist für mich die Sorge. Fahlblitz, der mir das Herz abwürgt. Wurmfraß in meinem Innern, der mir die Freude verdirbt – Hirnwurm. – Wie ist das bei dir? Kann ich dich das überhaupt fragen?

SPIELVERDERBER
Mich kannst du leider alles fragen. Dabei wäre ich doch so gerne der eine, von dem immer gesagt wird: Den kann man nichts fragen ... *Wie in einem Ausbruch:* Ja, verfluchte Sorge! Sie hat mir das Leben vergiftet. In mir siehst du den Sorgenknecht. Kaum ist einer der meinigen abwesend, schon befällt mich die Sorge um ihn, und mit mir ist nichts mehr anzufangen. Kurzerhand gehe ich sozusagen vom Spielfeld, werfe die Figuren um, lege mitten im Spiel, weit und breit keine Gefahr eines Schachmatts, meinen König um und gebe auf. Für mich ist die Sorge verkörpert in jenem Schmetterling, mit den

dunklen Punkten auf den Flügeln, für dessen Auf-
tauchen damals bei den Kinderspielen die Regel
galt: Spiel aus!, und der bei uns »Spielverderber«
hieß ... Verdammte Sorge! Sie ist die Schwäre in
mir, die nicht aufbricht, sondern nur immer wei-
terschwärt, seit meiner Vertreibung aus dem Para-
dies. Ob ich immer noch dort wäre, hätte unser
Stammvater auf die erste überlieferte Frage der
Menschengeschichte: Wo bist du ...?, statt wie
bekannt zu antworten, einfach wie unser Mitrei-
sender die Hundekette gezogen und gegen das
Fragen seinen Krieg angefangen? Moloch Sorge:
Oft wünsche ich mir einen Krieg oder eine Krankheit oder sonst einen Ernstfall, damit ich endlich
einmal sorgenfrei würde. Krankheit des Lebens:
die Sorge. Sorge, meine unfruchtbare Unruhe.
Und auch kein Unterschied zwischen falscher und
richtiger Sorge: Die Sorge selber ist falsch. Heilige
Kümmernis, Nothelferin: Nimm endlich die Sorge
von mir. – Wo nur die andern so lange bleiben?

MAUERSCHAUER
Ob die beiden Alten überhaupt Schritt halten können?

SPIELVERDERBER
Ob sie uns nicht zusammenbrechen, und wir müssen auf halbem Weg umkehren?

MAUERSCHAUER
Und ob wir schnell genug welche fänden, die für
sie einsprängen?

SPIELVERDERBER
Und ob das junge Paar aus dem stillen Hinterland
hier sich nicht schon längst dorthin wegsehnt, wo
es im Moment – gerade die Stille verstärkt ja solch
ein Gefühl – sicher hoch hergeht, und wo sie auf
den Weltstadtplätzen vorführen können, wie
schön sie zusammen sind?

MAUERSCHAUER
Und wenn unsre Kinder jetzt mutterseelenallein,
aus Verzweiflung längst stumm, dort in der Wildnis herumirren?
Sie rufen in alle Richtungen, immer lauter. End-
lich werden ihnen, wie aus weiter Ferne, die Rufe
zurückgegeben.

SPIELVERDERBER
Und wenn das nur unsere Echos waren?

MAUERSCHAUER
ablenkend: Schau, wie schön dort: über der roten
Erde der gelbe Ginster.

SPIELVERDERBER
Sicher Stechginster. *Ohne aufzublicken:* Was
siehst du noch?

MAUERSCHAUER
Dort die Distelräder, die im Wind durch ein Wü-
stenstück rollen. Und dort die Tangräder, die über
einen Sandstrand rollen.

SPIELVERDERBER
Nur Wind und Welkes und Totes. Ist denn nirgends
ein Lebenszeichen?

MAUERSCHAUER Die Fichte dort, sie lebt!

SPIELVERDERBER
Die hat man sicher nur gepflanzt, um sie sterben zu
sehen.

MAUERSCHAUER
Aber sag, ist das nicht schön: die Zwillingsbäum-
chen im sonst ganz leeren Garten, die Stämme im
genau richtigen Abstand für einen späteren Durch-
blick hinten zum Horizont.

SPIELVERDERBER
Seltsamer Verklärer: genau richtig ist ihr Abstand
doch viel mehr für die spätere Hängematte. Und

immer deine Natur. Siehst du denn nirgends ein Lebewesen, etwas Laufendes, Springendes, Tanzendes?

MAUERSCHAUER

Dort am Strand die zwei spielenden Hunde. Und wie schön können Hunde spielen, so schau doch, wie wahrschön! Da hast du deinen Tanz. Im Kreis und zugleich immer weiter, rund um die Erde. Schau, der eine jetzt die Pfote auf dem Kopf des andern, und jetzt paarweise wieder weiter, im Rauchlicht der Brandung, von Klippe zu Klippe tänzelnd. Verkörpern sie denn nicht alle Daseinslust auf der Erde?

SPIELVERDERBER

Ich sehe nur ein Gehetztsein. Zwei Herumstreicher. Überall verjagt. Verwahrlost vor Alleinsein. Und wenn ihre Spielzeit vorbei ist, in den Augen statt der Daseinslust alle Traurigkeit auf der Erde. Das dort sind unsere Ebenbilder, mit Schlappohren statt Lauschern!

MAUERSCHAUER

Aber schau doch, die Mitternachtssonne. Die Inseln im Strom. Das Wacholderland. Ist es denn nicht auch für dich schön hier? Schönheit als Möglichkeit, Schönheit als Vollzähligkeit?

SPIELVERDERBER

Ja, vorderhand noch ist es so schön. Schön wie an letzten Tagen. Aber was kommt dann? Stell dir einmal vor: die ganze Zeit hier. Der Winter, der Frost, der Schnee ...

MAUERSCHAUER

Wie ist es schön, wenn es schneit: auf die Stirn, die Lippen, den Puls.

SPIELVERDERBER

Der Zug, in dem wir unterwegs sind, wird stek-kenbleiben. Die Heizung wird ausfallen ... Und immer nur deine Tiere. Siehst du denn nirgends die Spur eines Menschen?

MAUERSCHAUER

blickt durch ein Theaterglas: Dort, ein Kind. Es beißt im Gehen von einem Stück Brot ab.

SPIELVERDERBER

Schluß mit deinen Kindern. Es gehört sich nicht, von ihnen zu reden. Sie wollen es selber nicht. Und außerdem gibt es heutzutage keine Kinder mehr. – Weit und breit kein Erwachsener?

MAUERSCHAUER

Dort ein Wanderer, mit einem Loch in der Socke.

SPIELVERDERBER
Schon wieder nur ich. Schon wieder ein Einsamer.
Siehst du denn nirgends mehrere zusammen, nicht
unbehaust, sondern mit einem Dach überm Kopf
– wenn das auch mit Sicherheit tropfen wird...?

MAUERSCHAUER
Dort hinter dem beleuchteten Fenster: sogar viele,
Kopf an Kopf. Sie blicken alle verzückt in die
Höhe, wie Zeugen einer Himmelfahrt.

SPIELVERDERBER
In den Gasthäusern stehen die Fernseher doch immer so erhöht. – Und jetzt endlich herbei mit den
zwei Liebenden – obwohl die mir heutzutage
kaum vorstellbar sind: die üblichen falschen
Paare, zum Schein völlig versunken, werden immer wieder kurz die Augen aufmachen und um
sich schielen nach Zeugen für ihre Darbietung...

MAUERSCHAUER
Dort sind zwei richtige. – Und mit ihnen wiegt sich
die Welt.

SPIELVERDERBER Ja, vorderhand noch.

MAUERSCHAUER Und wie schön sie lachen.

SPIELVERDERBER
An ihrem Lachen sieht man schon ihr baldiges Weinen. *Er nimmt dem andern das Glas weg:* Unbewaffnetes Auge! Und nicht immer nur die Ferne. Was siehst du auf dem Weg zu deinen Füßen?

MAUERSCHAUER
Eine Jakobsmuschel. Die Muschel der Pilger.

SPIELVERDERBER
Es gibt doch nur noch falsche Pilger, organisiert, motorisiert, klimatisiert, desinfiziert. Und schon seinerzeit waren die echten Wallfahrer bald in der Minderheit. Mit dieser Muschel getarnt, mischten sich von Kreuzweg zu Kreuzweg mehr und mehr Räuber unter sie, raubten sie aus und schlugen sie tot, bevor sie ans Ziel kamen.

MAUERSCHAUER
Pilger hin, Pilger her: Schau doch die Muschel selber, das Ding – ist es nicht schön? Spürst du nicht auch, wie erst vor solcher Schönheit das Herz in dir Herz wird?

SPIELVERDERBER
Das war einmal. Inzwischen sehe ich kein Ding mehr, sondern ein Tankstellenzeichen. Und wenn

noch ein Ding, dann einen möglichen Aschenbecher. – Und was siehst du sonst auf unserm Weg?

MAUERSCHAUER Einen gerillten Nagel.

SPIELVERDERBER
Das ist doch ein vertrockneter Wurm. In der Kindheit für mich der Beweis, daß es keinen Gott gibt. – Und was ist das?

MAUERSCHAUER Schneckenspuren, silbrig.

SPIELVERDERBER Todesspuren. – Und was noch?

MAUERSCHAUER
Eine Vogelfeder, schwarz, mit sechs weißen Punkten, in der Form der Sechs auf einem Würfel.

SPIELVERDERBER
Und die Feder steckt in einem Kadaver, staubgrau. – Und das ist nun, ich habe mitgezählt, schon das dritte Vogeljunge allein auf diesem Wegstück. Die Augen noch geschlossen, der Körper nackt bis auf diesen Federansatz. – Und das ist auch der Unterschied zwischen uns beiden: Ich sehe zuerst die Zeichen des Unglücks und Unheils, und du siehst nichts als die auf deinem Weg verstreuten schönen

Federn. Mauerschauer nach dem Schönen, holst dir früher oder später an Leib und Seele die Niednägel. Du und dein Schönes. Wird man von solcherart Schauen nicht dumm?

MAUERSCHAUER

Ja. Aber gesund dumm. Entwaffnend dumm. Zwischendurch war ich einmal klug, geradezu krank vor Klugheit und Wissen, aber durch mein Schauen bin ich wieder so dumm, begriffsstutzig und sorglos geworden wie als Kind. Gelingt mir mein Schauen nach dem Schönen, so atme ich neu die Luft des Geburtstags. Die Welt ist in diesem Fall ich. Ist das mit dir denn anders?

SPIELVERDERBER

Und in dem Augenblick, da du der Kielgischt der Wolken nachschaust, frißt in der Atmosphäre ein Chloratom ein Ozonmolekül auf, wird aus einem anderen Himmel das Passagierflugzeug abgeschossen, verröcheln unter wieder anderm Himmel, bei Ausbleiben des Engels für die Heimbegleitung der Seelen, die Tausende, von denen es in der Todesanzeige zuerst heißt »Heiter entschlafen« und gleich danach »Tief betrauert«. Deine Art Schauen, heißt das nicht Vereinsamung, im Sinne von: Für nichts mehr in Frage kommen?

MAUERSCHAUER

Gelingt mir das Schauen, bin ich nicht mehr allein.
Das Schöne gibt mir den Blick zurück, es redet zu
mir und bringt mich zum Reden. Ich kenne kein
menschenwürdigeres Zwiegespräch als das mit der
Schönheit. *Beiseite:* Ich weiß, ich spiele eine un-
dankbare Rolle. Aber einer muß sie ja spielen.

SPIELVERDERBER

Schaumensch und Schönheit, das große Lügen-
duett.

MAUERSCHAUER

Im Gegenteil: Entdecke ich die Schönheit, macht
sie mich für den Augenblick wahr. Ich w i l l ja nicht
schauen, es k o m m t zum S c h a u e n. Einmal bin ich
im Schlaf gestorben. Plötzlich grünte es vor meinen
Augen. Ah, dachte ich, das Grünen: Ich bin also
noch am Leben, das Totsein war nur geträumt.

SPIELVERDERBER

Das sind die Bilder, wie man sie sich für die Sterbe-
stunde wünscht, und die dann wahrscheinlich ausbleiben. *In einem anderen Spielton:* Das einzige,
was mich je wahrmachen hätte können, wäre eine
Frau gewesen. Durchdrungen vom Am-Leben-Sein
wurde ich nie von dem plötzlichen Grün-Werden
vor meinen Augen, sondern vom plötzlichen Frau-

Werden. *Wie als Antwort auf eine stillschweigende Frage des Gegenübers:* Ja, es war einmal schön, Mann und Frau zu sein. Kein schöneres Gegenüber als eine Frau. Wie ruhig. Wie ernst. Wie edel. Wie feierlich. Das gegenseitige Leuchten, ohne Zutat. Wann war das? In welchem Jahrhundert? – Auch wahr: Diese Sorge wenigstens bin ich los. Diese Flucht zumindest ist mir gelungen. Fürs erste jedenfalls. Das Schlimmste steht mir vielleicht noch bevor. – Geflüchtet bin ich jeweils aus Feigheit, und geblieben aus Trägheit. – Ich glaube, ich war dem Ernst der Frauen auf die Dauer nicht gewachsen. »Kannst du ernst bleiben, so bist du mein Mann.« Und ich wurde in den entscheidenden Momenten unernst. Drohte es mit einer Frau ernst zu werden, so bin ich sofort geflüchtet. Wer die Sehnsucht der Frauen erfährt, was kann der anderes sein wollen als ein Flüchtling? Nur dem Ernst des Fragens bin ich gewachsen, nicht aber jenem der Frauen. Die Frauen habe ich mir sozusagen verscherzt, für immer. Ja, gottlob. Diese Schreie wenigstens habe ich hinter mir. Hoffentlich. – Ist dir nicht aufgefallen, daß Frauen es vermeiden, Fragen zu stellen, die eine Antwort erfordern. Wissenschaftlich erwiesen! – Dafür war ihr ganzes Dasein jeweils ein ständiges Auffordern an mich, doch in Frage zu kommen. Wo sie auch auftraten, warteten sie inständig auf den, der in Frage käme, und wer das nicht tat oder sich nur den Anschein gab, von dem wendeten sie sich sofort mit Verachtung ab. Hast du dich aber entschlossen, in Frage zu kommen, so beginnt die ernsteste Liebesgeschichte der Welt. – Ja, es ist gar nicht so einfach, zugleich lebendig zu sein und nicht mehr in Frage zu kommen. In Frage kommen ist wie ein Sichschmücken, ohne besonderes Schmuckzeug. Und du hast in Frage zu kommen und dich zu schmücken! Nicht mehr in Frage zu kommen, heißt verwahrlosen. – Nein, kein Bedauern. Nur weh mir, daß es mir immer noch den Kopf herumreißt nach diesem Geschlecht der falschen Versprechungen, nach all diesen Brüsten, Hüften und Beinen, daß es beim Anblick einer Schönen in mir immer noch einen Bogen hin zu ihr macht. – Hieß es nicht einmal: Durch deine Augen werde ich geheilt? Aber heutzutage hält dort in den Augen meinen Blick nichts mehr, eine Hüfte hat da oft mehr Form, ein geädertes Knie oft mehr Ausdruck. – Und warum kommen wir nicht mehr in Frage, ich nicht, und du auch nicht? – Du bist ein Einsamer, der seinen Augengarten pflegt, und auf diese Weise nie zu der dramatischen Person werden kann, die gefragt ist. Gefragt ist »mein Held!« Und ich als Flüchtling bin zwar am Anfang gefragt, aber auf die Dauer ist das doch allein der Sieger. »Mein Held!« und »Mein Sieger!« – Aber möchte ein Mensch – außer vielleicht im Sport – denn irgendwo der Sieger sein? Und warum kommt es mir vor, als würden dabei Männer und Frauen einander insgesamt immer fremder werden, und als gäbe es keine Liebesgeschichten mehr? Warum dünkt mir, zu sitzen und eine müde alte Fliege anzublasen, ein besseres Zusammensein als das mit einer Frau? Warum sind die Frauen nicht mehr, wie früher, die besten Feinde der Feinde, sondern entpuppen sich immer wieder als die schlimmsten Feinde von uns selbst? Warum verdächtige ich inzwischen die Frauen als die Bösen, die Verdorbenen? Aber gab es denn nicht schon seit jeher das Sprichwort: »Nordwind, die reinste Frau«? Oder das Sprichwort: »Der Traum ist eine Welt, und eine Frau ist eine Frau«? Oder: »Ein Haufen von Kindern ist ein Haufen von Augen, und ein Haufen von Frauen ist ein Haufen von Frauen«? – Ja, ich verstehe die Frauen nicht mehr. Aber war das nicht immer so? Ja, nur war früher das Nichtverstehen eine Art Anstaunen, ein wunderbares: »Sag, wo kommst du denn her?« Und jetzt? Wenn sich überhaupt noch eine mir zuwendet, dann höchstens, um mich anzuschreien: »Du verstehst nichts! Du verstehst überhaupt nichts!« Ist es, weil die Frauen heute eine ganz andere Sprache sprechen als ich: Wir und sie hätten danach dieselben Wörter, die aber bei ihnen einen Sinn angenommen hätten, der mir entgeht? Was ist das heutzutage, eine Frau? Was will diese fremde Truppe eigentlich? Warum sind sie so anders? Warum weiß ich zwar von Männern mit Sehnsucht nach Reinheit, nicht aber von Frauen? – Und doch: Wenn ich mich je ganz fühlte, warum immer nur mit einer aus dieser furchtbaren Körperschaft? Ohne Frau aber: ganz unvollständig. Erinnerung ans Infragekommen: Eine Riesin stand vor mir, und ich wuchs zu ihr auf, worauf wir miteinander zu Boden sanken. Erinnerung an den Moment des Nichtmehrinfragekommens: Aus dem Nichts wuchs ein Untier auf und fiel mich an.

MAUERSCHAUER
Was mich angeht, so bin ich glücklich verheiratet, auch wenn ich in den Armen meiner Geliebten manchmal den Todesschweiß schwitze.

SPIELVERDERBER
in der Rolle des andern in die Ferne schauend und staunend: Schau dort, wie schön: einmal ein echtes Paar.

MAUERSCHAUER
Woran erkennst du das?

SPIELVERDERBER
An seinem Zaudern. An der gegenseitigen Scheu. Nie habe ich verstanden, warum Hamlet unter sei-

82

nem Zaudern so gelitten hat. Aber der hat dabei ja auch nicht geliebt.

MAUERSCHAUER
in der Rolle des andern: Aber sind das nicht die zwei unsrigen? Und ist bei denen die Scheu nicht bloß gespielt?

SPIELVERDERBER
in der Rolle des andern mit einer Art Handtanz das ferne Paar nachziehend: Scheu kann man nicht spielen. – Und mir scheint, sie sind noch immer am Anfang. Gut so!

MAUERSCHAUER
Die Frauenliebe, dein Wahn. Ganz, wie du sagst, fühlte ich mich nie angesichts einer Frau, aber immer wieder angesichts eines Baums. Vor der Frau: kleine Augen. Vor dem Baum: große Augen. Vor der Frau: Wie wird es weitergehen? Vor dem Baum: Ganz Auge, ganz Ohr, ganz da – die Ergänzung.

SPIELVERDERBER
wieder in seiner Rolle: Wenn ich dieses Wort schon höre: »Baum.« »Der Baum des Lebens.« »Der Baum der Erkenntnis.« »Der Baumliebhaber.« »Die Seite für den Baumfreund.« – Los, fang an mit

deinem Lob der Bäume. Was ist zum Beispiel dran an der Linde dort?

MAUERSCHAUER
Ihr Blütenduft belebt mich bis in die Lungenspitzen.

SPIELVERDERBER
Mir schmeckt er chemisch wie ein Haarshampoo, vermischt mit dem Gestank von Katzenpisse.

MAUERSCHAUER
Ihn möglichst tief einatmend, erwarte ich mir ein Märchen für diese Nacht.

SPIELVERDERBER
Also einen ein wenig sanfteren Alptraum?

MAUERSCHAUER
Ja, aber das ist die Nuance, auf die es ankommt.

SPIELVERDERBER
Und die klebrigen Blätter?

MAUERSCHAUER
Das ist Honig. Der Baum dröhnt von Bienen, Ideal-Rakete zum Himmel.

SPIELVERDERBER

Was für ein Himmel? – Totgestochener Imker. – Und die Rinde so weich: ideal nur für Wahlplakatnägel. – Und jetzt zum Kirschbaum dort.

MAUERSCHAUER

Das Kind in der Krone als Baumkönig, die Kirschen von den vorbeiwehenden Zweigen gepflückt mit dem Mund.

SPIELVERDERBER

Und unten am glatten Stamm auf halber Höhe verklammert, nicht vor noch zurück wissend, das andere, das Breitarschkind, ich.

MAUERSCHAUER

Schau aber den fellschwarzen Schatten der Zeder, deinen Zufluchtsort.

SPIELVERDERBER

Ein Schatten, in dem es, unter den Fuchsschwanzästen mit den luftundurchlässigen Nadeln, brutheiß ist, heißer als draußen im Freien: keine Blume kommt darunter auf.

MAUERSCHAUER

Aber der luftige Schatten der Pappeln dort!

SPIELVERDERBER

Kein Schatten, sondern ein Flimmern, in meinem
Gesicht herum wie ein Insekt. Pappellicht: Entfer-
nungsverzerrlicht, Autozusammenstoßlicht. Und
das Rauschen des Pappellaubs: so hoch oben, daß
niemand es hört. Was für eine Sinnlosigkeit.

MAUERSCHAUER

Aber die grünwogenden Zypressen dort, mit den
hüpfenden Zapfenlichtern: gibt solch ein Anblick
nicht einen Sinn?

SPIELVERDERBER

Sowie du dich da verstecken mußt und dich hin-
einzwängst: im Innern dicht auf dicht, nicht zu
verbiegen, die Kerkerstangen, und am Boden deiner Zelle das stinkende Vogelaas.

MAUERSCHAUER

Aber gegen den kleinen Maulbeerbaum dort wirst
du doch nichts sagen können, den Wegrandbaum
von uns Reisenden, dornlos, ewiger Frühlings-
windschatten, die Saftbeeren überall in der Reich-
weite, im Wind dir sogar von weitem entgegenflie-
gend, der löchrige Stamm das Versteck für die
Nachtigallen?

SPIELVERDERBER

Ja, der Maulbeerbaum: läßt seine schwammfeuchten Früchte beim kleinsten Luftzug schon fallen wie seinen Dreck, mit dem entsprechenden Aufklatschgeräusch, und sowie der Reisende auch nur die Hand ausstreckt nach einer einzelnen Beere, fallen ihm mit dieser gleich drei andre entgegen, und alle durch die Finger, und alles, was ihm von ihnen bleibt, sind die Flecken auf dem Gewand. Und mal dir dazu noch das nachtlange Geträller und Geschluchze der Nachtigallen in den Ohren eines schlaflosen Flüchtlings aus.

MAUERSCHAUER

Aber siehst du nicht wenigstens, wie vor dem Grau all der Baumstämme die Köpfe der Vorbeigehenden erst eine Gestalt annehmen? Wie das Licht dieses klaren vielfältigen Grau den Passanten erst die Gesichter zeichnet?

SPIELVERDERBER

Ich sehe an den Stämmen nur die Einschußlöcher, und das klare vielfältige Grau als die Gehirnspritzer der davor Erschossenen.

MAUERSCHAUER

Bereich eines Baums, besonderer Ort. Anderer Boden, anderes Licht, anderer Schall.

SPIELVERDERBER

Ja, Bereich eines Baums, Sammelort für den Abtransport. Und der andere Schall kommt vom Ast, der deinen Freund erschlägt. *Er nimmt die Jakobsmuschel, läßt sie fallen und zertritt sie, und schlendert dann, nach einem Moment jäher Feindschaft, wie er vielleicht nur zwischen Vertrauten ausbrechen kann, pfeifend ab in die Gasse.*

MAUERSCHAUER

allein: Widerwärtiges Gepfeife. Aber wie heißt es?: Wer weiß, ob der Pfeifer damit nicht einen geheimen Kummer verbirgt? – Muschel, bist wieder nur Kalk. Nichts mehr in der Hand. Recht so. Ich gehe ohnedies am liebsten mit freien Händen. – (*Wie ein Ausbruch:*) Ah, daß ich immer spielen muß! Einmal aufhören dürfen zu spielen. (*Er geht an der Rampe auf und ab:*) Auch die Art meines Gehens ist gespielt. (*Er steht:*) Nicht einmal stehen kann ich, ohne zu spielen. Dabei meine Sehnsucht nach dem Ernst! (*Er räuspert sich – gespielt. Hustet – gespielt. Schließt die Augen – gespielt.*) Aber wobei war ich je ernst? Im Teilnehmen. Und wodurch nahm ich je teil? Durch mein Schauen. (*Er schaut: gespielt.*) Ich kann nicht mehr schauen. Trockene Augen. Was ich sehe, sagt mir nichts. Ich könnte es höchstens aufzählen. (*Er denkt nach – gespielt.*) Himmel, muß ich denn spielen? Dabei weiß ich, daß ich einer bin, der es nie lernen wird, gut zu spielen, daß mein einziger Weg das Nichtspielen ist. Also lesen! Zwar gibt die Wissenschaft dem Volksmund recht, Lesen verderbe die Augen, aber ich habe es anders erfahren. Kein beweglicheres und schärferes Schauen als durch das Lesen. Ganz Auge. Hervor, Buch, Frucht und Keim des Lichts! (*Er zieht das Buch aus der Jacke:*) »Ruhige Frühlingsnacht im leeren Gebirge ...« (*Er kommt über die Zeile nicht hinaus, versucht es mit einer andern:*) »Im leeren Gebirge der Mensch ohne Form ...« – Ich kann nicht mehr lesen! Kein freies Genügen geht mehr über von dem Buch da auf mich, sondern der Wespenschwarm des Geredes. (*Blick durchs Theaterglas:*) Kein rauschender Hügel mehr – nichts mehr bewegt sich. Und wie es sich fügt, und wie immer, wenn ich von meinem Ziel abgerate, steht dort auch schon die Verfolgergruppe, nach außenhin fast wie die unsre, nur daß mich alle zu beobachten scheinen, nicht mit so einem kleinen Ding hier, sondern mit regelrechten Feldstechern, und im Visier nicht mich, sondern dieses mein Buch, wie etwas sehr Verdächtiges: als sei dieses Buch eine von mir gerade ausgegrabene unkrepierte Granate aus dem letzten Krieg. Wie ging dabei doch mein Traum von uns allen? Wir saßen miteinander in einer Lichtung, ein jeder vertieft in ein Buch, frei nach dem Vers: »Ich habe treu gelesen.« Und jetzt ist die Zeit des Lesens also vorbei? Ich, der ich nichts mehr hatte als das Buch, habe nun auch das Buch nicht mehr? Habe keine Zukunft mehr? – Aber was war es doch, das Lesen? – Etwas wie das Sich-Regen des einzelnen Blattes im Mittelgrund: der bewegliche Mittelgrund. Das Vermittelnde zwischen Allzunah und Allzufern. – Und was ermöglichte das Lesen? – Das absichtslose Schauen, in dem ein Ding alle vertrat. Die Abwesenheit, in der ich umso mehr da und dabei war. Lesen und Vorhandensein! Ganz Auge und Ohr! – Und auf was ging deine Sehnsucht des Lesens? – Auf die Erlösung von den Spiegelbildern, durch den Eintritt in das Eine Bild. – Und hattest du je ein Bild von dem Einen Bild? – Ja, jenes Gemälde mit dem Buch, von dessen Mitte durch den Luftzug der Ankunft des Engels der Verkündigung eine Seite aufstand. – Und jetzt bleibt dir demnach nur noch das Spielen? Wie wäre es ohne das Spielen? (*Pause.*) Unvorstellbar. Der Zusammenbruch. – Noch ein Versuch! (*Er wird, ohne Spielen, zum Idioten, ermannt sich:*) Aber ist dieses Spielenmüssen nicht zugleich meine Chance, ganz der zu werden, der ich bin? Vollkommenes Leben: gelänge es mir nur, indem ich mich spielte? »Endlich kann ich mich spielen – kommt und seht mein wahres Gesicht?« So ein Durcheinander! *In diesem Augenblick poltert der* EINHEIMISCHE *auf die Bühne, im Kostüm eines*

Bühnenarbeiters, im einen Arm eine Tamariske,
mit der andern Hand eine leere Kabelspule rollend.
Er hat ein Auge verbunden, streift dem MAUER-
SCHAUER *beim eiligen Abstellen seiner Requisiten*
ans Buch, tritt ihm auf die Zehen und ist wieder
verschwunden. Anprall in den Kulissen, Wehlaut,
Fluch.

MAUERSCHAUER
langsam abgehend: »Linde« – wenn ich dieses
Wort schon höre, ein richtiger Weibername. – Und
die Ulmen, mit ihren schlappen Elefantenohrblät-
tern: »Begierde unter Ulmen«, wie hast du nur je-
mals so etwas glauben können? – »Ruhiger Frühling?« Meine Vorstellung bei Frühling: Nun
kommt wieder die Mückenzeit, und für die Pferde
die Fliegenzeit... (*Kurzes Innehalten; staunend*
den Kopf schüttelnd:) Schauen geht wieder – mit
dem Spielverderberblick! Ob auch das Lesen? Jedenfalls ist er gesund und tut gut. – Ich glaube, das
einzige, was ich nie spielen mußte und nie werde
spielen müssen, ist der Schrecken. Oder werde ich
auch im Sterben noch spielen müssen? Werde ich
auch bei meiner Hinrichtung noch spielen müssen?
Habe ich schon als Neugeborener spielen müssen?
Was für ein Durcheinander. Kommt, Kinder, helft
mir, nicht zu spielen. *Ab.*

3.2

*Um einen Meridian weiter im Hinter-Land. Alle
Gegenstände im Bühnengrund sind noch da, nur
ein wenig im Kreis verschoben, und es ist noch eini-
ges dazugekommen, nicht bloß Bäume, dickere,
höhere, sondern zum Beispiel auch ein alleinste-
hendes Hintergatter, ohne Türgriff, ohne zugehö-
rigen Zaun, obenauf ein vom Zuschauerraum ab-
gewendetes lebensechtes Taubenpaar. Auf der
sonst leeren Spielfläche, die etwas von einem Wie-
senland hinter einem ehemaligen Park hat, ein sozusagen dahin vertragener Gartentisch samt Stüh-
len. Frühsommerliches Gastgartenlicht. – Diesen
Schauplatz betreten nun die übrigen fünf aus dem
Zug, durch das Gelände – mit dem Ausdruck »Das
habe ich im Krieg gelernt« – geführt von dem* Alten Mann, *und* Parzival *als dem Träger, den
Überseekoffer auf dem Kopf. Allgemeines Lagern,
der* Schauspieler *als der Herrschaften am Tisch
in der Mitte, der andern als der stummen Diener im
Abstand auf dem Boden,* Parzivals *auf der Kiste,
deren Gewicht ihm fürs erste die Stimmen aus dem
Kopf gejagt hat: Streicheln und Tätscheln der
Dankbarkeit. – Stille.*

SCHAUSPIELER

Jetzt kann ich fragen: Warst du in deinem früheren
Leben mit einem Mann zusammen, der sich dir, in
gleichem Maße wie du dich ihm, hingegeben hat?

SCHAUSPIELERIN

Nein. Während es mich dazu drängte, in der Auflö-
sung erst meine Gestalt anzunehmen, spürte ich
jeweils die Angst des Mannes, sich mit mir aufzulö-
sen. Diese Angst übertrug sich auf mich, und wir
haben uns von unserem Vernichtungsflug schleu-
nigst zurück in den sogenannten Genuß geflüchtet,
meinetwegen bis hinauf in die Haarwurzeln. Und
ich bin sicher, seit je war kein Paar, das sich einander hat wirklich hingeben können.

SCHAUSPIELER

Wer war dein erster Mann?

SCHAUSPIELERIN

Die Welt – in jenem Fall der Sommerhimmel. Ich
war noch ein Kind und saß auf einer Schaukel. Ich
tauchte immer höher. Am Punkt vor dem Kippen,
in dem Stau zwischen unten und oben, hat es mich
übermannt.

SCHAUSPIELER War es Lust?

SCHAUSPIELERIN
Nein, Süße. Ein Blitz von Süße, der jäh in mich
schoß und mich dann langsam entzündete. »Ich
begehre dich!«, sagte die Welt, sagte der Himmel,
und ich meinerseits erwachte zum Begehren. Damals wurde ich zur Frau. Nie wieder habe ich
solch eine Süße erlebt. Seit jenem Augenblick war
ich bereit.

SCHAUSPIELER Immer?

SCHAUSPIELERIN
Immer. Bereit zum sofortigen Ineinander. Ver-
schließen tat ich mich nur bei dem falschen Mann.
Oh, und all ihr falschen Männer mit dem Trick
der halbverschlossenen Augen, über die von den
Stirnen der Angstschweiß rinnt, und mit dem
Prunk der Geschlechter, die dann eiskalt sind.

SCHAUSPIELER
Hast du schon einmal von einem sagen können:
»Mein Mann«?

SCHAUSPIELERIN
Einmal sagte ich: »Ein guter Mann hat mich zu
seiner Frau gewählt, und darauf bin ich stolz.«
Aber das war Teil einer Rolle, in einem Western,
und außerdem gibt es keine Western mehr. Und

94

einmal sagte ich zu einem Mann: »Die Welt, in diesem Fall du«, aber das war in einem Theaterstück, und außerdem ist das Stück längst vergessen.

SCHAUSPIELER *fragender Blick.*

SCHAUSPIELERIN
Ja, bei dem allem begehrte ich immer noch. Doch nie jemand Bestimmten. Trat jemand Bestimmter zwischen mich und mein unbestimmtes Begehren, so nahm ich ihn, nach dem ersten süßen Schreck, der oft schon bei der Namensnennung oder beim Sprechen des ersten Worts verflogen war, hin als den Vorläufer.

SCHAUSPIELER *Schweigen als Frage.*

SCHAUSPIELERIN
Nein, ich habe nur mein Begehren geliebt, und einzig das Begehren meines Gesichts, das Begehren meiner Augen. Und ich wußte dabei: Keine schöneren Augen auf der Welt als die Augen meines Begehrens. Und wie tat das Begehren in meinen Augen mir gut. Und wenn dieses Leuchten da einmal aussetzte: Wie häßlich habe ich mich gefühlt – wie sinnlos – wie nichtig – wie nackt.

SCHAUSPIELER *fragt schweigend.*

SCHAUSPIELERIN

Nein, kein Mann hatte diese Art des Begehrens. Entweder erschien er jäh entstellt von Begehrlichkeit, oder es war, wie heißt es?, jener »schwere Ernst, in dem die Lust sich vollzieht«, so daß ich immer stärker die Vorstellung hatte, bei mir gehe ein Toter ein und aus, oder der Mann ahmte die Heiterkeit meines Begehrens nach, wodurch er aber nur unernst wurde und selbst noch die Begehrlichkeit verlor. – Ebenso schön wie die Augen meines Begehrens erschienen mir allein die Augen jenes Mannes, der etwas im Sinn hatte, unterwegs zu einem Vorhaben, hell dazu entschlossen. Die Augen des Sinnenden brachen mein ewiges Begehren nicht nur nicht, sie gaben ihm recht. Die Begegnung der Augen des Phantasierenden mit den Augen der Begehrenden: das ebenbürtige Paar. Nur begegneten diese Augen einander nie. Und beim zweiten Mal hatten sie nicht denselben Augenblick. Und ein drittes Mal gab es nicht mehr.

SCHAUSPIELER

Ist dein Bild von deinem Mann also entzaubert?

SCHAUSPIELERIN

Und dein Bild von deiner Frau?

ALTES PAAR
zwischenrufend: Keine Gegenfragen!

SCHAUSPIELERIN
Das Bild gilt. Es gilt nichts als das erste Bild. Die
Schaukel ist noch in Schwung.

SCHAUSPIELER
Und woran erkenne ich das?

SCHAUSPIELERIN
An meinem Langsamwerden, zusammen mit dir.
– Aber vor dem Zorn meiner Liebe ist noch jeder
zurückgewichen.

SCHAUSPIELER
nach langer Pause: Hilf mir zu lieben.

SCHAUSPIELERIN
nach langem Schweigen: Dann führ mich heim.

SCHAUSPIELER
nach langem Schweigen: Wo ist das? *Die Bühne
verdunkelt sich.*

3.3

Eine Drehung weiter im Hinterland. Die beiden ALTEN *allein mit* PARZIVAL. *Zu dem Streifen der Bäume im Szenengrund sind noch ein paar dazugekommen, Fluß- oder Quellenbäume wie eine Erle und eine Weide; ebenso zu den Hinteransichten der Gegenstände: so die Hinteransicht einer Reklametafel, die unbeklebte Hinteransicht einer Litfaßsäule. Mehr als die Hälfte des Bühnenhorizonts wird inzwischen gebildet von diesem Segment. Der Raum zwischen Erle und Weide, um den herum die Szene sich abspielt, erscheint wie ein Zugang zu einer unsichtbaren Tränke oder Furt. Die* ALTEN *lagern an die Bäume gelehnt, sitzend auf dem Boden, einander zugekehrt, wie auf einem Dammstück, von dem man die Beine hinab zum Fluß baumeln läßt.* PARZIVAL *liegt zwischen ihnen, an seinen Koffer geschmiegt, mit einem Mantel zugedeckt, schlafend. Die Alten halten bei ihm Wache. Herbstlicht an einem großen Fluß.*

DIE ALTEN
gemeinsam, und im Versuch, leise zu sein, beson-
ders vernehmlich: Es riecht nach Herbst, oder?

DER ALTE
Der Rauch von den Feldern.

DIE ALTE
Und bei dem wenigen Wasser der Faulgeruch unten vom Fluß.

DER ALTE
Ist doch schön. Riech nur. *Sie riechen gemeinsam;*
atmen tief ein.

DIE ALTE
Ja, schön. D i r e k t schön.

DIE ALTEN
gemeinsam: Und gerade war es noch Sommer. Ist
es denn wirklich schon wieder Herbst?

DER ALTE
Es ist Herbst. Ich erkenne es an meiner Apfellust.
An meiner Apfelgier. Das Himmelreich für einen
Apfel jetzt!

DIE ALTEN

gemeinsam: Nur können wir leider keine Äpfel mehr beißen.

PARZIVAL

wie durch ihr lautes Geflüster gestört, regt sich in seinem unruhigen Schlaf.

DER ALTE

Sprich normal. Du weißt, er verträgt kein Gezischel. Er braucht ruhige Töne.

DIE ALTE

Wie tief deine Stimme geworden ist. So lang sind wir also schon unterwegs. Zu Beginn der Reise waren all unsre Stimmen viel schriller, sogar deine.

DER ALTE

Du hast noch immer die gleiche Stimme wie als Junge.

DIE ALTE

Das einzige, was an mir äußerlich gleichgeblieben ist.

DER ALTE

Deine Stimme war nie äußerlich. *Langes Schweigen.*

DIE ALTE
Was für umständliche Spiele die Paare doch heutzutage spielen müssen.

DER ALTE
Denn sie haben keine Zeichen mehr, die ihnen den Umweg des Redens abkürzten. – Erinnerst du dich, wie das damals bei mir war?

DIE ALTE
Ich erinnere mich. Aber erzähl es mir bitte noch einmal.

DER ALTE
Ich kannte dich schon lange. Aber dann bist du einmal dahergekommen mit einer Pyramide Orangen im Arm, und plötzlich war ein Glanz im Raum.

DIE ALTE
Und du warst so lange nur der Nachbarssohn, bis nach einem deiner Besuche auf dem Fußboden ein Stück Schnee in Form deiner Sohle lag. *Pause.*

DER ALTE
Wie lang wir nun schon so dahinirren. Alt und sinnlos.

DIE ALTE

Seltsames Schaukeln. Seltsame Expedition. Vielleicht nur ein tristes Delirium?

DER ALTE

Zieht es dich heimzu?

DIE ALTE

O nein. Schau doch, meine Bauernrosen hier am Fluß, wie zuhause, nur ohne Schnecken dran. So weich. Das Flappen im Wind, wie nur bei Bauernrosen. Und innen so schön dunkel. Aber sitzen täte ich jetzt gern mit dem Gesicht Richtung Heimat. *Sie blickt hierhin und dorthin, zuckt dann die Achseln.*

DER ALTE

Wir sind bloß zu schnell aufgebrochen. Geht es dir darum auch so, daß dich der Gedanke plagt, du hättest etwas vergessen? Und zwar dich selber? Vor lauter Übereilung hättest du in Wirklichkeit dich persönlich allein und hilflos im Zimmer zurückgelassen?

DIE ALTE

Du hast dich nicht verändert. Siehst du da unten denn nicht das Wasser fließen? Was gibt es Wirklicheres? Geh und steck deinen Kopf hinein.

DER ALTE

geht, kommt mit tropfnassem Kopf zurück: Es ist
wahr, ich bin da!

DIE ALTE

Und jetzt greif mit der Hand in die Brennesseln
hier. Was gibt es Wirklicheres?

DER ALTE

greift hinein: Es brennt! Die Blasen werden mir
zuhause der Beweis dafür sein: Ich bin dagewesen.
Sternbild der Brandblasen! *Er stolpert über etwas.*
Ah, mein altes Ungeschick! Das beweist mir: Ich
bin es also wirklich, hier, in Person! Danke, mein
Ungeschick.

DIE ALTE

beiseite: Der mit dem Ungeschick, der mit der
Wirrsal – der ist dein Mann . . .

DER ALTE

hebt das Stolperding auf und hält es ans Licht, ei-
nen altertümlichen Schlüssel; pfeift dann darauf:
Schau, ich habe da etwas Verlorenes wiedergefun-
den, einen Schlüssel, verloren von mir vor einem
halben Jahrhundert, im Krieg! *Er stockt:* Aber der
Schlüssel von jetzt, wo ist er? *Tastet sich ab.*

DIE ALTE
Hast ihn wieder einmal steckenlassen? *Pause.*

DER ALTE
Was machen im Augenblick wohl unsre Enkel?

DIE ALTE
Bei ihnen wird es bald dunkel sein. – Schade, daß
wir keine Zeitung dabeihaben. Wir könnten sonst
nachschauen, wie das Wetter bei ihnen ist.

DER ALTE
Ist es hier schön, so denke ich, es muß auch bei
ihnen schön sein.

DIE ALTE
schaut auf ihre Uhr: Das Mädchen wird gerade
aus dem Schulbus steigen, das einzige Kind an dieser Abzweigung. Jetzt wird sie auf das alleinste-
hende Haus zugehen. Im Gras am Wegrand liegen
oft Schlangen. Paß auf!

DER ALTE
Und der Bub hat gerade seine Boxstunde im Turn-
saal. Viel zu kleine Gestalt für diese großen Hand-
schuhe. Gib's ihm. Nicht den Kopf so einziehen.
Schau ihm in die Augen. Ach, du bist ja kurzsich-
tig. Und außerdem eher feig. *Pause.*

DIE ALTE
Habe ich eigentlich vor dem Weggehen das Bügel-
eisen ausgeschaltet?

DER ALTE
Und wenn daheim gerade das Unwetter los ist?
Habe ich den Fernsehstecker herausgezogen?

DIE ALTE
zunehmend schrill: Und hast du gegen die Einbre-
cher die sich von selbst einschaltende Lampe ans
Fenster gestellt?

PARZIVAL *regt sich.*

DER ALTE
zunehmend schrill: Und hast du die Tropfpipette
in den Topf des Orangenbaums gestellt?

PARZIVAL *erwacht und setzt sich auf.*

DIE ALTE
Und hast du für den Fall des Falles die Versiche-
rung für unsere Überführung abgeschlossen?

DER ALTE
Und wenn ein Tornado gerade das Dach verwü-
stet?

DIE ALTE
Oder ein Bergrutsch das ganze Dorf?

DER ALTE
Oder eine Flutwelle die ganze Region? Oder ein Erdbeben das ganze Land? Und wenn die Welt außerhalb unserer Luftblase längst schon zugrunde gegangen, alles Atmen erstickt, jedes Leben erloschen ist?

PARZIVAL
der sich zunächst die Ohren zugehalten hat, springt mit einem Schrei auf: Und wer hat von meinem Tellerchen gegessen? Und hast du heute schon zur Nacht gebetet? Und hast du heute schon zuhause angerufen? Und sag mir, wo die Blumen sind? Und wer wirft den ersten Stein? Und was geschah wirklich mit Baby Jane? *Er ist indessen weggerannt, die Böschung hinunter, wo seine Stimme heraufscholl wie aus einem Hohlraum.*

DER ALTE
steht auf und blickt ihm nach: Er läßt sich vom Fluß die Ohren auswaschen. Ob es hilft? – Und jetzt zieht er sich nackt aus, taucht ganz unter und schwimmt. Flußab, den Kopf unter Wasser. – Endlich, da ist er wieder. Holt tief Luft, schaut um sich,

strahlt. Mir scheint, es hat geholfen, das Wasser hat ihm den Plapperkopf gestillt. – Oder? Er taucht wieder unter. *Pause.*

DIE ALTE

rappelt sich auf zum Gehen und tritt auf etwas, das knirscht: Schau, hier ist Reis gestreut, von einer Hochzeit.

DER ALTE

Nein, das ist Sand, über einer Unfallstelle.

DIE ALTE

Immer weißt du alles besser. – Wohin jetzt? Hast du eine Karte dabei? Einen Kompaß? Medikamente? Einen Schirm? *Als er den Kopf schüttelt, zieht sie all diese Dinge aus ihrer Tasche und verteilt sie auf sich und ihn.*

DER ALTE

Du bist immer auf alles so vorbereitet. Das stört mich seit jeher an dir. Der Würde des Menschen widerspricht es, Vorbereitungen zu treffen.

DIE ALTE

sich flott auf den Weg machend – der Alte langsam: Wo hast du nur deine Langsamkeit her?

DER ALTE
Die habe ich im Krieg gelernt, an der Gefahr.

DIE ALTE
Mich hat dein Geschleiche dafür ins Krankenhaus
gebracht.

DER ALTE
Aber seinerzeit war doch dein Spruch: »Er ist so
schön langsam – man kann ihm vertrauen«?

DIE ALTE
Und ein zweiter Spruch war: »Er ist so furchtbar
langsam – mit dem hält keine es aus.« *Sie setzt
ihren Weg fort.*

DER ALTE
ihr nachrufend: Wo gehst du denn? Hier ist doch
der Weg.

DIE ALTE
Immer haben wir in verschiedene Richtungen wollen. Bin ich nach rechts gegangen, hast du gesagt:
Nein, links. Fand ich eine Abkürzung, gingst du
partout auf dem Umweg. Wollte ich auf eine Wiese,
gingst du in den Wald. Zog es mich in den Süden,
warst du für den Westen. Schande, daß wir noch

immer zusammen sind. *Sie geht ihren Weg weiter und ab.*

DER ALTE

langsam kofferziehend, ebenfalls seinen Weg weitergehend: Eine Fremde. Schon auf den ersten Blick, damals vor fünfzig Jahren, war sie mir fremd. Ich wußte gleich: nicht die Richtige für mich. Nur der verdammte Krieg hat uns zusammengebracht. Ich bin nie mit ihr mitgekommen. Zwei verschiedene Geschwindigkeiten, zwei Fremde. »Du kennst mich ja!« hat sie immer wieder gesagt. Nein, ich kenne dich nicht! Wie oft habe ich ihr beim Schlafen zugeschaut – was für ein edles Gesicht hat diese Frau! – und gewünscht, sie möge immer so weiterschlafen, damit nicht plötzlich diese fremden Augen mich anschauen. *Schon in der Kulisse:* O diese Fremdheit. Fremd wie am ersten Tag. Zum Dreinschlagen fremd. *Die Bühne wird dunkel.*

3.4

Eine Folge fragmentarischer Szenen, jeweils um einen Ruck weiter im Hinterland, die Flußbäume halb schon verdeckt von andern: einer Palme, einem Buchsbaum, einem Kakteenstumpf, ganz hinten durchschimmernd die Statue eines Verhüllten in Rückenansicht, Dante? ein Engel? ein Trauernder?

*

Menschenleere Bühne. Es beginnt zu schneien.

*

Menschenleere Bühne in blendendem Licht, wie auf einem Riesenparkplatz mit viel blinkendem Stahl und Frontscheiben. Auf die Bühne segelt ein Papierflugzeug. Aus dem Bühnenhimmel senkt sich ein Fallschirm ohne Mensch herab und verfängt sich in den Bäumen. Eine große Korbflasche, auf einem Untersatz mit Rädern, wird an einem unsichtbaren Flaschenzug über die Bühne gezogen wie heraus aus einer Schußlinie. Für einen Augenblick erscheint ein Hund, und als er wieder zurückgepfiffen worden ist, steigt aus dem Bühnenuntergrund ein Schmetterling auf. Ein Reifen rollt herein ins Leere, torkelt lange ...

Sehr weißes, winterliches Licht, wie in einem Flachland. Der Einheimische, *als Bühnenarbeiter, tritt auf, Verband an einer neuen Stelle, mit einem einzelnen Flugzeugsitz, den er schief oben in den stärksten Baum hängt. Geht ab und kommt ebenso zurück mit einem einzelnen Fahrrad-Rad und hängt es mit der Nabe an einen Aststrunk.*

*

Flutlicht. Auftritt des Mauerschauers, *müde Schritte, blicklos. Hält ein und macht Augenübungen, linkes Auge in den Winkel, rechtes ... Im Bogen kommt ein Ball geflogen, und der Mauerschauer rennt ihm nach, stoppt ihn und schießt ihn zurück aufs Spielfeld. Geht mit leuchtendem Blick und ausgebreiteten Armen weiter.*

*

Der Junge Schauspieler, *»ganz privat«, Jacke über dem Arm. Felderlicht. Zwischendurch bekommt er unversehens das Maskengesicht eines Samurai. Schwerthieb in die Luft. Wieder das Freizeitgesicht. Im Weitergehen plötzlich die Maske eines Wahnsinnigen, samt dessen Bewegungen. Grinsend ab.*

*

DER ALTE. *Koffer auf dem Rücken wie einen Tor-*
nister. Fahles, brenzliges Kriegslicht. Er schleppt
sich über die Szene mit einem anschwellenden
Brüllgesang. Zwischendurch und im Abgehen im-
mer wieder ein Kinderweinen.

*

DIE ALTE, *auf- und abschlurfend mit ihrer Tasche*
in einem Krankenhaus-Neonlicht. Aufgelöste
Haare. Ein Summen, immer wieder unterbrochen
von einem Gesichtskrampf. Summen oder schon
Geheul?

*

SPIELVERDERBER, *im Frostlicht, frierend gehüllt*
in seinen Mantel. Im Kommen zählt er, erst kaum
hörbar, dann lauter und lauter. Ist schon weit
in den höheren Zahlen. Im Zählen bekommen
seine Schritte Energie, und es wird ihm warm.
Mittendrin dreht er für einen Moment an der
Hinteransicht eines Verkehrsschilds, auf dem
lesbar ist: KEINE UMKEHRMÖGLICHKEIT.
Zählend ab.

*

DIE JUNGE SCHAUSPIELERIN
kommt in ihrer Haltung der Festkönigin, im ent-
sprechenden Festlicht. Bei ihrem Vorbeischwung

*an einem großen Baumstrunk geht an diesem – er
ist eine Attrappe – eine Schiebetür auf, und der*
EINHEIMISCHE *tritt heraus, im rindengrauen Tarn-
anzug eines Soldaten, der sich, ohne die Innehal-
tende zu beachten, auf den Patrouillengang macht.
Der* SCHAUSPIELERIN *fällt der Arm herab, sie verliert ihre Haltung. Eine neue einzunehmen, gelingt
ihr erst allmählich, mit dem, was sie, allein auf der
Bühne, sagt:* Mir scheint, ich bin tot. Ich habe, außerhalb meines Spielens, an nichts teil. Die Weltge-
schichten amüsieren mich höchstens. Ich nehme
niemanden ernst. Kam jemand und wollte mir zu
erzählen anfangen, wie er einmal glücklich war,
und schon unterbrach ich ihn mit meinem »Ich verstehe dich ja, ich verstehe dich ja«. Kam der nächste
und fing an von seiner Verlassenheit, und ich unterbrach ihn mit meinem »Oh, ich glaube dir, ich
glaube dir«. Die andern sind für mich Kinder, die
nicht wissen, was gespielt wird, und ich belache sie,
freundlich und herzlos. Auf alle Fragen weiß ich
eine Antwort, und ich selber habe keine Frage, für
niemanden, jedenfalls keine dringende oder ernste,
oder eine, die zu beantworten dem andern eine
Freude macht. So jung bin ich noch, und funktio-
niere schon wie ein Mensch am Ziel, offiziell wie
ein Büro, vollkommen durchorganisiert. Der Abstand, den ich behaupte, ist in Wahrheit Unzugäng-
lichkeit. Verflucht soll ich sein. Wer verflucht

mich? Wo ist der, der mich zum Leben erweckt, indem er mich verflucht? *Ab.*

*

DER SPIELVERDERBER
in seinem Licht, Kopf im Nacken: So viele Wege, die nach alten Quellen heißen. Nur: Wo sind die Quellen? Versickert? Vermauert? Zugefroren? Dafür der große Himmel. Das kann nur heißen, daß es nicht so bleibt. Wahrscheinlich wird es gleich zuziehen, ein Schneesturm wird losbrechen, ein Blizzard. Ägyptische Finsternis, und auf dem Schnee, der so schnell steigen wird wie das Wasser in einer Schleusenkammer, der Widerschein der Blitze, die mir heimleuchten werden. Um Himmels willen: nicht heim! Käme im Augenblick ein von dorther bekanntes Gesicht mir entgegen – sofort verlöre ich jedes Hierseinsgefühl. Bergauf möge es weitergehen – aber oben sei nicht daheim. *Blick zurück über die Schulter:* Was ist los, niemand verfolgt mich? Wo bleibt ihr, meine Verfolger? Alle Fluchten sind mir gelungen – wie geht es nun weiter mit mir? Wo ist nun mein Lebenssinn? Gib, daß das noch nicht meine letzte Flucht war! – Hei, da ist sie endlich, meine Verfolgergruppe! Und da schon das bekannte Gesicht, das des Anführers, »Autor« genannt. Auch seinetwegen bin ich ewig auf der Flucht. Er will mich einfangen für seine

Story, einsperren in Fragen von der Art »Was war Ihr Kindheitsmilieu?«, »Haben Sie je geträumt, mit Ihrer Mutter zu schlafen?«, »Was haben Sie gefühlt, als der Dritte Weltkrieg ausbrach?« Mit dergleichen betreibt er einen schwungvollen Ostwesthandel. Hat überall seine Finger drin, nirgends sich selbst. Überall dabei mit seinem Beitrag, nirgends mit seinem Einsatz. Die Podiumsgespräche und das Recherchieren bei seinen Gewährsleuten quer durch die Kontinente füllen meinen Autor keineswegs aus – unentwegt lauert er zugleich seitwärts, wie er sich endlich einen Reim machen könnte auf meine Geschichte. Nein, und wenn du auch täglich zwanzig Runden schwimmst, dein Lauftraining machst, zu den zwölf Sprachen, die du fließend sprichst, noch drei dazulernst, und dich gerüstet hast für deine Storyjagd auf eurem letzten internationalen Autorenkongreß mit dem Thema »Von der Bedeutung der Frage in der heutigen Zeit«: Selbsternannter Pat Garrett, du kriegst mich nicht! Mein Vorbild sind die, von denen man nichts weiß und nichts wissen kann. Meine, des Flüchtlings Zuneigung gilt den ziellosen Menschen, den Übergangsreisenden – der neuen Menschheit! – Großer Himmel. Leider ohne Vögel. Aber die Schwalben sind mir ohnedies zu schnell. Und nur die Spatzenfrau findet das Geschrei ihres Spatzenmanns bekanntlich schön. Und die Raben, angeblich die

Indianervögel der Weisheit, habe ich einmal auf einem Feld einen Kreis schließen sehen um unsern zitternden Hasen. – Ach, meine Mitübergangsreisenden, ihr fehlt mir. Sich selber das Spiel zu verderben, macht keine rechte Freude. So lang war ich schon mit euch unterwegs, daß ich anfing, euch ernst zu nehmen. (*Sich nähernde Schritte. Eine Stimme aus der Gasse:* »*Ich begrüße Sie!*« *Sich entfernende Schritte.*) Was für eine liebe Stimme! Ein Gruß genügt, und schon bin ich in der Wirklichkeit. Aber was heißt das: »Ich begrüße Sie!«? Sollte ich etwa angekommen sein? Nur das nicht. (*Fluchtschritt. Innehalten:*) Großer Himmel. Fast fühle ich mich frei. Seltsames Wort, dieses »fast« ... Idealer Himmel. Aber was ist daran die Frage? Je idealer, desto unheimlicher. Sollte einem meiner von Fluchtort zu Fluchtort verstreuten Kinder etwas zugestoßen sein? Lauf mir entgegen, Kind, zwischen die Beine, klammere dich an meine Knie. *Er flüchtet weiter.*

*

DIE ALTE FRAU

in ihrem Licht, sich bückend nach einem Papier am Boden: Ein Brief. Seine Schrift! *Liest:* »Im Felde, am 12. November. – Mein Wesen! Es ist Nacht, und wir sind im Unterstand. Die andern schlafen

schon, aber ich will versuchen, Dir im Petroleum-
licht einen Brief zu schreiben...« *Sie schüttelt
staunend den Kopf.*

*

Der Alte Mann
*im Regenbogenlicht, lagert auf seinem Koffer, mit
sich selber Karten spielend. Dann wendet er den
Kopf nach etwas, in einiger Entfernung. Wie um
auf sich aufmerksam zu machen, winkt er. Dann,
als würde ihm zurückgewinkt, winkt er wieder,
mit einem großen Lächeln, diesmal als Gruß.*

*

Die Schauspielerin, *verkleidet als Mann, wird
verfolgt von dem* Schauspieler, *verkleidet als
Frau. Licht beider als eins. Als er sie ereilt, wird er
zum Mann und sie zur Frau. Beiderseitiges Stokken. Umarmung.* Er: »Bist du ein bißchen mit mir
einverstanden?« – Sie: »Ja. Und du mit mir?« –
Er: »Ja. Kennst du die Übersetzung des Namens
Nofretete?« – Sie: »Die Schönheit ist angekommen.«

*

Der Mauerschauer
in seinem Licht: Verrückt. Während ich den
Traum träumte, der aus nichts bestand als aus mei-

117

ner Dankbarkeit – der Freude der Ruhe der Dankbarkeit, dafür, daß ich Zeit hatte, Zeit hatte, an einem geliebten Ort zu bleiben und dort unterwegs zu sein – sonst nichts –, haben, laut Zeitung, in dem Hotel am anderen Ufer die in den Flammen verbrennenden Gäste geschrien. Verrückt: Gerade noch habe ich mit eigenen Augen den seit Jahren Schlaflosen gesehen, der unterwegs zum Sprung von der Brücke war, die Passantin, die der Entgegenkommenden die Tasche über den Kopf schlug – und schon wieder denke ich: Liebe Welt! Verrücktes Wohlgefallen – an dem Dahingestöckel der platinblonden Vettel dort, an den eiskaufenden Schulmädchen, an dem Schwarzen im Trachtenanzug: Ich will es nicht mehr! Schau in dich hinein, in die wahre Ferne, jene, die dir nichts vormacht – was siehst du da? (*Er schließt die Augen:*) Horizontweit die Menschheit, Kopf an Kopf, auf Hochsitzen, aber nicht als Jäger, sondern als zum Abschuß freigegebenes Wild. Wie sagt man doch von einem Unheilbaren, bevor sein Sterben sich dramatisiert: »Er wird nicht mehr.« Ja, so sehe ich uns auf den Hochsitzen: Wir werden nicht mehr. Kopf an Kopf fragestumm, wie eben ein jeder, der nicht mehr wird. Denn was sind die Fragen der Sterbenden? (*Augen auf:*) Ja, das ist es: ein Bild, das nichts vorgaukelt. Ab jetzt soll es mein Leitbild sein. O Ekel vor meinen Illusions-

luftsprüngen. Finsternis, Kälte, Aussichtslosig-
keit, Verdammnis: Bleibt bei mir als die letzten
Wahrheiten. Nie wieder soll es gut mit mir werden. – Da, schau, der Mais: Gerade waren es noch
Schößlinge, und jetzt breitet er die Arme aus.
Gott, wie schön. – »Wie schön«: Wie lange habe
ich das nicht mehr sagen können! Und wie be-
schreibe ich das Schöne? Mit einem Wort: »Da«.
– Verrückt: Schon wieder fängt es mir hier zu ge-
fallen an. Schauen als Trinken. So alt bin ich nun,
und nähre mich noch immer vom Schauen. – Wie
schön. Wie still. Erstaunlich still. Zum Staunen
still. Stille: der Tag zählt. Die Stille als Wert, der
letzte verbliebene Zauber. – Schwein. Zeitferner
Phantast. Von der Schauerei unfähig gemacht für
jede Geschichte. Von der Stille verdorben für jede
Gesellschaft. Wie war es doch gerade, jenes einzig
gültige, das maßgebende, das entschleierte Bild? –
Dreck, es ist mir schon nicht mehr gegenwärtig. –
Dann prügle es in dich zurück! (*Ohrfeigt und prü-
gelt sich. Innehalten. Mitgehen seiner Miene mit
unsichtbaren Passanten, Teilnehmen an einem
Schrecken, einer Umarmung, einer Freude:*) Verflucht, schon wieder kommt eine gewisse Freude
an der Welt, in diesem Fall an der dritten, zurück,
schon wieder atme ich Märchenluft. Weg mit dir,
Frohsinn. Schwachsinniger Glotzer. Du wirst jetzt
gehen und den erstbesten niederschlagen. (*Bleibt.*

Pause.) Bist du verrückt, Sohn, n i c h t zu schauen?
– Verdammt, Mensch, wer bist du? Wer bist du
nur? Wer bin ich nur? *Ab.*

*

Der ALTE *und die* ALTE *begegnen einander, in ihrem gemeinsamen Licht, samt ihren Sachen, wie
auf einer hölzernen Brücke (entsprechend auch
das Geräusch der Schritte). Gegenseitiges Bestaunen.* DER ALTE: »Du!« – DIE ALTE: »Und du!« –
DER ALTE: »Immer noch die gleichen klaren Augen.« – DIE ALTE: »Und immer noch der schiefe
Kopf.« – DER ALTE: »Aber das war doch eben
erst?« – DIE ALTE *bricht in Tränen aus, ebenso der*
ALTE. *Von weitem dann plötzlich ein Geheul, das
nicht aussetzt, pausenlos, um Hilfe. Sie lauschen
und machen sich schließlich auf den Weg.*

3.5

*Der hinterste Strich des Hinterlands. Die Bühne
ist nun umschlossen von Bäumen – auch frucht-
tragenden – und Hinteransichten, und bildet eine
kleine Lichtung, die zugleich etwas von einer Eng-
stelle hat. Farne, Waldreben und Lianen zwischen
den Bäumen geben einen Eindruck von Urwald.
Zu den da durchschimmernden Hinteransichten
ist die eines Wellgiebels und einer langen Mauer
gekommen. In der Lichtung oder Enge steht einerseits eine hölzerne Hütte, andrerseits eine einzelne
Säule. Die Mitte ist leer bis auf eine Einfassung für
eine Quelle, zu der ein paar Stufen hinabführen. –
In einem rasch zwischen Schatten und Sonne
wechselnden Licht kriecht PARZIVAL nackt durch
den Urwald auf die Szene, wie ein Schiffbrüchiger.
Die Bewegungen, mit denen er sich in Sicherheit
bringt, werden behindert durch das stete Zucken
von Kopf und Gliedmaßen. Endlich auf dem
freien Platz, beginnt er sofort mit Händen und Füßen nach etwas zu suchen, das beim Aufstampfen
dröhnte, wie etwa die Brückenwaage: vergebens.
Trommeln gegen die Litfaßsäule: Pappmaché.
Gegen die Rückenfigur: das gleiche. Versuchtes
Kämmen mit den Fingern, rhythmisiert von dem*

Stimmenkampf in ihm; ebenso das versuchte Es-
sen eines Apfels. Er läuft von Baum zu Baum und
reibt sich daran wie ein Tier, das eine Fliege los-
werden will. Schließlich kauert er sich zusammen
im Leeren, immer wieder durchzuckt von dem ei-
nen Rhythmus, der dann auch das einsetzende
Wimmern skandiert. Erfolgloser Versuch, die
Stimmen aus sich herauszuschreien. Das einzige,
was sich dabei ändert, ist das Licht: Eine Art
Föhnlicht setzt sich durch, mit einem bis auf den
Boden herabreichenden Blau, alle Dinge verein-
zelnd. – Auftritt von der Seite der EINHEIMISCHE,
wiederum als Bühnenmeister, in der Hand ein
Schaltgerät. Mildert mit einem Knopfdruck das
Licht, worauf PARZIVAL *den Kopf hebt.*

EINHEIMISCHER *tritt zu ihm:* »Wind«.

PARZIVAL
»Wer Wind sät, wird Sturm ernten.«

EINHEIMISCHER »Himmel«.

PARZIVAL
»Der bestirnte Himmel über mir, und . . .«

EINHEIMISCHER »Schirm«.

PARZIVAL
»Unter einem Regenschirm am Abend ...«

EINHEIMISCHER »Ding«.

PARZIVAL
springt auf, in Angriffsstellung: »Es gibt Dinge
zwischen Himmel und Erde, von denen ...«

EINHEIMISCHER »Gastgeber«.

PARZIVAL
den Einheimischen anfallend: »Für Getränke sor-
gen die Gastgeber.«

EINHEIMISCHER *weicht zurück.*

PARZIVAL
kauert sich zusammen, Kopf in den Händen.

EINHEIMISCHER
Was hat man diesem Menschen bloß angetan? *Er
drückt auf einen Schaltknopf, und die Säule wird
angestrahlt.*

PARZIVAL *schaut auf.*

EINHEIMISCHER
dreht an der Säule, auf der so, als Relief eines Ka-
pitells, ein Riesenkopf sichtbar wird, mit verzerr-
ten Zügen, an beiden Ohren je ein Vogel, den
Schnabel halb im Gehörgang. Nimmt PARZIVAL
sanft am Handgelenk und führt ihn vor die Säule:
Wie auf diesem Bild werden dir jetzt die Vögel die
Stimmen aus dem armen Schädel holen!

PARZIVAL
blickt auf und wird zum stillen Zuschauer.

EINHEIMISCHER
drückt erneut auf einen Knopf, und die Säule be-
ginnt zu tönen: die Sonoritäten der Zivilisation,
einander abwechselnd, tiefer und tiefer, endlich
zusammenkommend zu einem gleichmäßigen ge-
tragenen Einton, wie das gemeinsame Tuten der
Hörner aller Schiffe an einer Strommündung, die
derart etwas begrüßen und feiern. – Stille. Licht
weg von der Säule:»Wind«.

PARZIVAL
als bilde sich nun bei ihm mit dem Wort zugleich
auch die Sache:»Wind«.

EINHEIMISCHER »Himmel«.

PARZIVAL
als sei ihm nun das Wort selbst das Ding: »Himmel«.

EINHEIMISCHER »Staub«.

PARZIVAL
läßt nun mit dem Wort seinen Gegenstand aufleben: »Staub«.

EINHEIMISCHER »Wasser«.

PARZIVAL
blickt sich nun mit dem Wort um nach dem Ding:
»Wasser«.

EINHEIMISCHER
klopft auf die Brunnenfassung, und die Quelle fängt auf der Stelle vernehmlich zu sprudeln an; ihr eintönig-dunkles Dahinfließen gibt den Rhythmus für das Folgende an.

PARZIVAL
setzt sich und läßt die Füße in die Quelle hängen; stammelnd, gurgelnd, auflachend, dann endlich sprechend: Solange keine Waage war, gab es kein Angesicht zu Angesicht. Diese Waage hing an einem Ort, der nicht war. Gewogen wurden daran,

die nicht waren. Die Waage wurde nicht erfaßt und nicht gesehen. In sie gingen ein, die nicht waren und doch waren und sein werden. Der Riese hob den Fuß und kam mit ein paar Schritten an den Ort der fünf Berge. Er angelte mit einem Mal sechs der Schildkröten, nahm sie auf den Rücken und kehrte in sein Land zurück. Dort röstete er die Schalen, um Orakel zu gewinnen. Von den Engeln aber wurden viele Millionen heimatlos. Nördlich vom kahlen Norden war ein großer Ozean. Im Süden wuchs ein großer Baum, er wuchs im Winter, seine Früchte waren gelbrot und schmeckten sauer. Die Schale und der Saft waren gut für das Wechselfieber. Als der Baum über den Fluß gebracht wurde, verwandelte er sich in den dornigen Apfelsinenbusch. Über das Steinerne Meer flog ein weißer Schmetterling, und in einer Silberdistel brummte eine Septemberbiene. Der Leichnam meines Vaters schaukelte im Wind der Baumkronen, während ich im Mund noch den schlechten Nachgeschmack von der Muttermilch hatte. Dann sah ich an der Grenzstation im Sintflutregen die Orientalen unter dem Anhänger ihres Lasters sitzen beim Würfelspiel. Der Wanderer griff hinten in den Rucksack seiner Gefährtin, aus der Dachrinne schauten Katzenohren, die Gottesanbeterin drehte den Kopf wie ein Radargerät, neben der Kassiererin im Supermarkt lag ihr angebissener Apfel, auf dem Schulweg fiel der erste

Schnee, und so verging meine Kindheit an der Märchenquelle. *Pause.* Und jetzt frag.

EINHEIMISCHER
Ich bin kein Frager. Ich bin ein Einheimischer. Aber deine Frager sind schon unterwegs. Gleich werden sie da sein.

PARZIVAL
Frag mich trotzdem, gleich was.

EINHEIMISCHER Dove va?

PARZIVAL À Medea.

EINHEIMISCHER Solo?

PARZIVAL Si.

EINHEIMISCHER Dio mio! *Pause.*

PARZIVAL
Frag mich noch etwas. Nicht aufhören. Weiterfragen.

EINHEIMISCHER
Tu n'as pas peur si seul dans la forêt, pieds nus?

PARZIVAL Non, pas du tout.

EINHEIMISCHER Tu es canadien?

PARZIVAL Oui.

EINHEIMISCHER
zieht mit der Hand in seinem Gesicht das Parzivals nach: Ça c'est voit! *Sie lachen gemeinsam.*

PARZIVAL
Und jetzt frage ich. – Was das? *Beiseite, im zeitweisen Ton des Mauerschauers:* So, ohne Verb, beginnen bekanntlich die Kleinkinder zu fragen!

EINHEIMISCHER
Das ist die Fragemauer. Wie du siehst, ist sie schon halb verwachsen und eingestürzt. Eine blinde Tür. Aber: »Machen wir die Tür auf!«, sagte das Kind vor der blinden Tür in der Mauer.

PARZIVAL Und das da?

EINHEIMISCHER
Das Rad des Fragens. *Er dreht. Es quietscht.* Wie du hörst, ist es schon lang nicht mehr gedreht worden.

PARZIVAL Und das dort?

EINHEIMISCHER
Das, Kind, ist der Palast des Fragens. *Er geleitet
Parzival zu der Hütte, schlüpft hinein und kommt
zurück mit einem Umhang wie für Boxer nach ei-
nem Kampf. Er kleidet Parzival ein, frisiert ihn.
Dabei verwandelt das Licht sich allmählich in das
Fragelicht – Gegenteil von einem Verhörlicht, ein
Schimmern, das wie von den Körpern selber aus-
geht, die Dinge – Hütte, Mauer usw. – körnig er-
scheinen läßt.*

PARZIVAL
*probiert, in Erwartung der andern, quer über die
Bühne Haltungen aus, die ausdrücken, daß er bereit ist, gefragt zu werden: macht sich unsichtbar
hinter einem gespaltenen Baum und spricht mit
verstellter Stimme:* »Was ist deine Frage?«; *stellt
sich mit gespreizten Beinen, den Rücken zum Zuschauerraum, auf die Quelleinfassung und befiehlt
ebenso:* »Jetzt fragt!«; *streckt sich bäuchlings da
aus, stumm, in der Haltung einer die Fragen erwar-
tenden Sphinx; – unterbricht zuletzt dieses Spiel,
setzt sich einfach vor die Hütte, lehnt sich da an und
erzählt:* Seit die Kleinkinderfragen vorbei sind,
konnte ich nicht mehr fragen. Ich wurde auch immer unwillig, wenn ich selber gefragt wurde. Alle

Fragen, die mir gestellt wurden, erschienen mir falsch, gestellt von den Falschen, im falschen Ton, im falschen Moment, am falschen Ort. Ihr habt mir mit euren falschen Fragen den Staub von den Flügeln gestupst. Wurde ich nach etwas Geschehenem falsch gefragt, verlor ich allein durch die falsche Frage des Geschehenen Bild. Dabei wartete ich ständig darauf, endlich gefragt zu werden. Je mehr Welt und Möglichkeit die Fragerei um mich herum vernichtete, desto größer wurde mein Bedürfnis, es möge doch einer kommen mit einer Frage nicht an oder gegen, sondern für mich. Ja, eine richtige Frage stellte ich mir vor als Geschenk! »Ich habe dir etwas mitgebracht – eine Frage!« Einmal habe ich ein richtiges Fragen erlebt – nicht an mir, sondern an einem Dritten, einem in Todesangst, und diese Fragen gingen schlicht: »Wann bist du geboren? Wie hieß dein Vater mit Vornamen? Was war der Mädchenname deiner Mutter?«, und sie nahmen ihm für Augenblicke die Angst. Auch ich war schon in Todesangst, und was ich dann gefragt wurde, war: »Na, geht's uns schon besser?« oder »Was verloren?« oder »Fremd hier?« Wer kann mit einer Frage beistehen? Beistandsfragen, nur solche! Übrigens erwartete ich die richtige Frage immer nur von den Unbekannten oder Auswärtigen und nahm die der Angehörigen und Ortsansässigen, so unausgesetzt wie sie fragten, nie ernst. Und doch:

Ach Eltern, hättet ihr mich, sooft ich heimkam, statt mit eurem Selbstgemachten von Keller und Herd, bewirtet mit einer richtigen Frage!

EINHEIMISCHER
unterbricht ihn: Ich sehe deine Fragegesellschaft kommen. Als hätten sich die Lichtflecken in der Waldtiefe dort auf einmal von selbst in Bewegung gesetzt. Ich erkenne sie daran, daß sie zu Fuß kommen, langsam, erhobenen Kopfes, jeder auf einem anderen Weg. Die Einheimischen hier kämen angefahren, auch wenn es nur über die Straße wäre. Seltsam: Sonst sind sie entweder die zu laute Mehrheit oder die zu leise Minderheit – und heute bin ich als der Einheimische der einzige. Gut so! *Er verschwindet in der Hütte.*

PARZIVAL
erzählt weiter, während nach und nach die übrigen Reisenden auftreten, jeder in festlich leuchtendes Schwarz oder Weiß gekleidet: Und wenn ich meinerseits nicht fragte, so hieß das nicht, daß ich keine Fragen hatte. Das Fragen ist beständig in mir, aber ich konnte es nie äußern, auch nicht in Haltung oder Blick. Das Nichtfragenkönnen: mein Lebensproblem. Daß meine Mutter mir eingeschärft hat, niemand zu fragen, ist eine Legende: Immer wieder kam sie und sagte: »Kind, frag mich etwas!« Wie

hätte sie meine Fragen gebraucht, denn sooft sie das sagte, war sie in Not. Einmal fiel sie, mit dem Gesicht voraus, vor mir zu Boden, und ich löffelte – nicht einmal ein »Was hast du?« kam mir über die Lippen – meine Nachspeise weiter. Als mein Vater damals oben auf der Leiter plötzlich stockte, sich ans Herz griff und auf mich lange nur herunterstarrte, lachte ich statt zu fragen, obwohl er dann sagte: »Ich sterbe«, und auch wirklich tot von der Leiter fiel. Weil ich nie fragte, galt ich als roh und verwildert. Aber in Wahrheit erschien mir das Fragen insgesamt als etwas mir Verwehrtes – ich weiß nicht, durch wen. In den Heimen, von Archangelsk bis Agrigento, wurden dann die bizarrsten Dinge aufgeführt, um den in sich selbst Gefangenen zum Fragen zu bringen. In Celje trat einer plötzlich auf Stelzen ins Zimmer. In Zaragoza fletschte mich einer plötzlich mit einer Tiermaske an. Der letzte in dieser Reihe verband mir die Augen, setzte mich ins Auto, fuhr mit mir bis zum hintersten Kontinent und nahm mir die Binde ab auf einer Klippe von Finisterre namens »Bocca di Inferno«: Nicht einmal der Mucks einer Frage kam vor dem Höllenschlund aus mir. Dabei habe ich andre in ihrer Verlassenheit eigens Wildfremde um eine Auskunft fragen hören, auch wenn sie Weg oder Zeit selber wußten: Das bloße Fragen hat ihnen schon gutgetan. Sogar bei der Antwort »Ich habe keine Uhr«:

wie überschwenglich ihr Dank! Jemand, der beraubt werden sollte, kam dem zuvor, indem er auf den Wegelagerer zutrat und nach einer Phantasiestraße fragte. Das ist die Kunst des Fragens, die mir so fehlt. – Ah, doch, einmal ist mir eine Frage gelungen: Da erschraken über mich Kinder, die an einem verbotenen Ort spielten, und ich fragte sie im Vorbeigehen: »Warum spielt ihr nicht weiter?« Höchste Zeit, daß ich es schaffe, zu fragen. Nur wen? Denn frage ich mich allein, bleibt es unernst und folgenlos. Vater und Mutter, jetzt da ihr tot seid, hätte ich Fragen um Fragen an euch! *Die andern stehen inzwischen vollzählig am Lichtungssaum. Als letzter tritt auf der* ALTE, *den Koffer hinter sich herziehend, und sagt, zuerst zu sich selbst:* »Lasttragend bleibst du verbunden mit deinen Vorfahren!«, *dann, gerichtet im Spiel an seine Frau:* »Hast schon wieder den Weg abgekürzt. Immer hast du die Wege auf ihrem letzten Stück abgekürzt.« *Pause. Umsichschauen. Dann alle gemeinsam:* »Es kommt mir so vertraut vor hier. War ich hier schon?«

MAUERSCHAUER
zum Spielverderber: Ist eine Inschrift auf dem Grabstein?

SPIELVERDERBER

liest: »Und der Engel sprach zu mir: Warum verwunderst du dich?«

MAUERSCHAUER

Die letzte Frage der Heiligen Schrift. Danach kein Moment der Verwunderung mehr: nur noch die Bilder der Offenbarung, samt Amen und Alleluja. Fragen und Offenbarung widersprechen sich ja auch. – Welchen Grabspruch würdest denn du dir auswählen?

SPIELVERDERBER »Bin hinten.«
Tritt vor und zählt die Anwesenden ab, sich eingeschlossen: Sieben. Genauso viel wie die Pleiaden, das Sternbild in der Form eines Fragezeichens. So laßt uns für einen Moment uns auf die Zehenspitzen stellen, damit die Frageluft uns frisch ins Gesicht weht. Das entscheidende Fragen: in Augenhöhe. Ja, jetzt ist die Zeit des Fragens – wenn ich mir dafür auch einen anderen Ort gewünscht hätte als diese enge Lichtung, zum Beispiel den inneren Kreis einer Wagenburg. »Lichtung« heißt für mich »Mittelalter«, und das Mittelalter ist doch vorbei, oder? Was für ein unwirklicher Ort. Unwirklich? So wird das Fragen ihn wirklich machen. Das Fragen erst schafft sich den Ort und krümmt den Raum. Keine höhere Steigerung der Wirklichkeit

als durch die Entdeckung einer Frage. Aufregung des Forschers: Ich stehe vor der Entdeckung einer Frage! Und bedenkt: Auch die Zeit der Orakel ist vorbei, oder? Nicht um auf eine Frage eine Antwort zu bekommen, haben wir uns ja auf den Weg gemacht, sondern um in der Stille der Orakelstätte von ehedem herauszufinden, was eines jeden Frage ist. Habe ich überhaupt noch eine Frage? Parzival hat vom Fragen erzählt: Nun wird die Frage-Erzählung übergehen in das fragende Spiel.

DER EINHEIMISCHE
ebenfalls festlich schwarz-weiß gekleidet, dazu geschminkt wie ein Tempeldiener, der die Feinde des Ortes abschrecken soll, auch mit entsprechend gesträubtem Haar, tritt aus der Hütte und läßt durch die offen bleibende Tür einen Gong sehen, den er mit einem Seil anschlägt, worauf er bei der Tür innehält. Alle seine Verbände sind verschwunden, bis auf einen, den er locker um den Hals trägt wie die Schleife eines Kochs.

SPIELVERDERBER
als Spielleiter: Schauspieler, das ist jetzt euer Augenblick. (SCHAUSPIELER *und* SCHAUSPIELERIN *tun einen Schritt auf* PARZIVAL *zu.*) Es genügt nicht, eine Frage zu haben. Eine Frage zu haben, heißt, sie zugleich darzustellen. Aber nur das richtige Spiel

läßt auch erkennen, was das Fragen ist. Und das Fragen will gezeigt werden. Und euer bester Zuschauer, das wäre wahrscheinlich ein Tier, denn das würde gleich merken, wenn ihr beim Fragen falschspielt. – Das Spiel vom Fragen kann beginnen. Nun zeigt eure Kunst. Vorspiel: Eine kleine Frage-Travestie.

SCHAUSPIELER
zu ihr: Wie war die Reise?

SCHAUSPIELERIN
Wunderbar. Das schönste daran war, daß mir jeder einzelne Tag, die Abende und die Morgen, noch gegenwärtig sind.

SCHAUSPIELER
als »zweiter Frager«: Wie war die Reise?

SCHAUSPIELERIN
mit schwindendem Enthusiasmus: Ich bereue sie nicht. Eine schöne Erinnerung. Ich erzähle dir einmal mehr.

SCHAUSPIELER
als »dritter Frager« in Folge: Wie war die Reise?

SCHAUSPIELERIN
lustlos: Na ja. So so. *Dann sie an ihn:* Geht es dir gut?

SCHAUSPIELER Ja.

SCHAUSPIELERIN Ehrlich?

SCHAUSPIELER Ehrlich.

SCHAUSPIELERIN Ganz ehrlich?

SCHAUSPIELER
schweigt. – Dann er an sie: Woran denkst du gerade?

SCHAUSPIELERIN
Möchtest du das wirklich wissen?

SCHAUSPIELER
nimmt ihre Hand und legt sie sich auf die Stirn.

SCHAUSPIELERIN
Hast du Kopfschmerzen? *Schweigen.* Kannst du ein Geheimnis bewahren? *Schweigen.* Ihr gegenwärtiger Geisteszustand?

SCHAUSPIELER
Gefühllosigkeit. – Wo möchten Sie leben?

SCHAUSPIELERIN
Auf dem erdfernsten Stern. – Ihre Haupttugend?

SCHAUSPIELER
Der Haß. – Ihr größter Fehler?

SCHAUSPIELERIN
Die Gier. *Beide gemeinsam:* Und Ihr Lieblingsvogel? Der Aasgeier. Und wie möchten Sie sterben? Gellend! *Wieder der Gong, die Travestie abbrechend.*

DIE SCHAUSPIELER
bewegen sich auf den fragenerwartenden PARZIVAL *zu. Innehalten. Dann gemeinsam:* Es geht nicht. Unterwegs war ich voll des Fragens, doch jetzt, da ich eine bestimmte Frage an den Bestimmten hier richten soll, bin ich in Gefahr, das Fragen selber zu verlieren. Schon in der Annäherung an den Frageort ist das Fragen in mir abgeflaut. *Zu* PARZIVAL: Was sollen wir tun?

PARZIVAL
springt auf, umarmt die beiden und gesellt sich als Zuschauer zu den anderen an den Rand.

DIE SCHAUSPIELER

es ins Leere hinein versuchend, dann: Auch das geht nicht. Das Unbestimmte war vielleicht früher einmal noch eine Frage-Richtung. Jetzt aber nicht mehr. Wir können an das Unbestimmte keine Fragen mehr richten.

SPIELVERDERBER

Mißverständnis. Denn darstellen sollt ihr nicht das R i c h t e n, sondern das H a b e n der Fragen. Zeigt uns Zuschauern zuerst unsere Aufregung vor der Entdeckung einer Frage, dann die staunende Ruhe, in der wir sie ʾhaben, danach unser Ganz-Frage-Gewordensein, und zuletzt jenen Zustand, in dem unser Fragen eins wird mit unserem Gefragtwerden.

DIE SCHAUSPIELER

sofort, ohne es erst zu versuchen: Aber wie ist das pure stille Fragenhaben, Fragendsein und Gefragtsein denn zu spielen? Zur Not habe ich schon gespielt, wenn da stand »Er freut sich« – und ich sogar einmal ein »Sie errötet« – einen Löwen habe ich schon gespielt, einen Fluß, den Mann im Mond – und ich die Sphinx, einen Lorbeerstrauch und die Andromeda: doch einen Fragenhaber, dessen Fragen ungerichtet sind, weder an sich noch an dich noch an einen dritten, und dazu noch unbestimmt, nicht in Worte zu fassen – eine solche Rolle hat es in dreitausend Jahren nicht gegeben. Wie hast du dir das vorgestellt? Spiel es uns vor.

SPIELVERDERBER

tritt zu ihnen, zögert: Ich hatte ein paar Bilder davon: Erst einmal unsere Ankunft hier in einer Stille, von der man sagen könnte: »Das nennt man Stille!« Da hätten wir innegehalten, als an unserem Reiseziel: Im Stand des Fragens. Nichts wäre dann geschehen, als daß ein Schweigen auf das andere gefolgt wäre. Stille geatmet hätte selbst der Stoff unserer Kleider, das Schwarz, das Weiß, bis in die Tiefe der Taschen hinein. An unseren Körpern hätte das Fragelicht geschimmert, ähnlich dem Licht am Eingang eines Lehmhohlwegs. Ich stellte mir dazu jene mykenischen Figuren vor – älter als eure dreitausend Jahre – mit den geradeausblik- kenden Köpfen, an denen aber die Himmelfahrts- nasen mit ihren Riesenlöchern auf eine Weise »die Sonne grüßen«, wie es bei den östlichen stillen Da- sitzern der Hintern tun soll. Wir hätten den Atem angehalten. Keine Musik. Allein unser Ganz- Frage-Sein hätte sich ausgewirkt als jene Harmo- nie, in der sogar die scheue Eidechse nicht nur nicht wegflitzt, sondern kommt und zu unseren Füßen sitzenbleibt, höchstens einmal kurz zuckend, wenn ihr eine Ameise über das Auge läuft. Die Frage-

mauer mit ihrem Schimmer hätte den Blick in die
Höhe gezogen. Die alten Steineichen hätten wieder gedröhnt, und ein jeder von uns wäre beiseite
gegangen und hätte seine Frage gesucht. Oder wir
hätten uns dazu hingehockt, jeder zur Erde, in den
Kindesabstand. Sich so das Fragen vorzustellen,
hätte bedeutet, sich neu eine Lebensform vorzustellen. In der Zeit der Fragestille hätten wir erfahren was? Was wir tun sollen. Und nach dieser
kleinen Weile hätten wir noch wortlos ein Glas
aufeinander getrunken, und ein jeder wäre wieder
seiner Wege gegangen.

DIE SCHAUSPIELER
Eidechse, Nasenlöcher, Lehm: Das sind bloße
Stimmungsbilder, Phantasien. Aber wie hast du
dir deren Übertragung in eine Szene vorgestellt,
mit der wir Schauspieler das Fragen auch an-
schaulich machen?

SPIELVERDERBER
zögernd: Der Wächter des Orts wäre aufgetreten,
ein entschieden Fragloser, der Fragefeind, in der
Absicht, uns Eindringlinge von hier zu vertreiben.
(*Er gibt dem* EINHEIMISCHEN *einen Wink, worauf
dieser in eine Trillerpfeife stößt und peitschen-
knallend mit seinen gesträubten Haaren auf die
anderen losgeht.*) Jedoch die Harmonien unseres

In-Frage-Stehens hätten den Angreifer bezähmt und ihn entwaffnet. (*Die Szene wird angedeutet, der* EINHEIMISCHE *steckt Pfeife und Peitsche weg.*) Unsere Schwäche des Fragenhabens hätte sich in eine Kraft verwandelt, denn der Wächter des Orts hätte uns nun begrüßt als seine langerwarteten Gäste, mit einem märchenhaft blumigen Gruß. Der EINHEIMISCHE, *indem er sich die Haare glattkämmt, wird zum Kellner, der den anderen aus der Hütte Sitze herbeiträgt, winzige, einen Melkschemel, Kindergartenstühle, einen Salinenhocker — worauf sich freilich erst einmal nur die beiden* ALTEN *niederlassen, mit der Bemerkung:* »*In den Komödien und Tragödien von früher haben wir mehr sitzen dürfen ...*«

MAUERSCHAUER

Ist so ein Auftritt aber nicht bloß ein Trick? Ein altes Spiel? Ungeeignet für unser heutiges Darstellproblem? Warum dann nicht gleich ein noch älteres Spiel? In m e i n e r Phantasie haben wir an dieser Stelle Fragemasken aufgesetzt bekommen, haben buchstäblich geglüht vom Ganz-Frage-Sein, und im Himmel oben hat, als Zeichen des uns vorschwebenden Fragens, eine Wolke gestanden.

SPIELVERDERBER

Warum dann nicht gleich eine Stimme von oben,

oder der reitende Bote des Fragekönigs? – Seltsamer Freund: Auch die Zeit deiner Zaubermärchen ist vorbei. Oder? Schon der Gong tönte falsch. Oder? (*Er blickt sich um und läßt sich nieder, wie dann auch die anderen.*) Keine Fluchtmöglichkeit mehr. Ich muß mich stellen. Sooft ich früher auch sagte: Es ist aus mit mir!, war ich insgeheim doch vom Gegenteil überzeugt. Jetzt aber... Jetzt zeigt mir der Ort, an dem wir das Abenteuer des Fragens hätten vorspielen sollen, erst seinen wahren Namen: »Enge«. Haben wir uns verfragt? Wie belebt schien mir immer das Gesicht dessen, der eine Idee hatte, noch belebter das Gesicht dessen, der trauerte oder sich freute – am allerbelebtesten aber das Gesicht desjenigen, der endlich einmal die richtige Frage hatte! Und unser Allerlebendigstes also – es hat für sich keine Form? Ist für sich nicht spielbar? Wird aus dem morgendlich heiteren Spiel vom Fragen, wie es mir vorschwebte – mit dem Tau hätten wir uns die Fragebrauen nachgezogen –, am Ende doch wider meinen Willen ein Drama? Gibt es denn keinen dritten Weg? Ist mir nicht öfter schon eine Flucht nur gelungen, weil ich sie erst versuchte in dem Bewußtsein, es sei ohnehin hoffnungslos? Aber ist der Dritte Weg in den Märchen nicht jener des Todes? Sollen die Frageverirrten sich demnach von der Klippe stürzen? Frage-Expedition gescheitert? Fragebewegung ergebnislos abgebrochen?

Wird es von uns, anders als einst von dem heroischen Zug der Cheyenne zurück in ihr Heimland, einmal heißen, wir hätten mit unserer Reise zum Sonoren Land eine der sinnlosesten Wanderungen der Geschichte unternommen? Ist außer uns überhaupt noch jemand auf das Erforschen des Fragens aus? Verschwinden nicht aus der Mitte des Weltgeschehens, der Sprache, auch laut Wissenschaft, mehr und mehr die Frageformen, ja sogar die Hebungen, Dehnungen und A n h a u c h e des Fragens? Hätte es uns nicht warnen müssen, daß auf alles Sonore ein Totenkopf gemalt ist oder ein Mensch, der hintüberfällt? Erinnert ihr euch an den flüchtenden Hasen, der auf den sonoren Ton innehielt und sich abknallen ließ? Haben wir mit unserem Aufbruch ins Sonore Land auch noch den letzten Stoff an Fragen zerstört und geht es uns nun so wie jenen, denen alle um sie herum gestorben sind, so daß sie »niemanden mehr zum Fragen haben«? (*Innehalten. Dann plötzlich lacht er die andern an, ansteckend. Dann:*) Wie konnte ich nur vergessen: Für den fragenden Menschen gibt es nichts Tragisches. (*Pause.*) Ah, welche Kraft kommt nun aus dem, was nicht mehr ist. Welch Trotz. Welch Ruck. Welch Gebiß für meine Sehnsucht. Welch Glaube – an das Sinnlose, die sinnlosen Unternehmungen. Also ist das noch nicht meine letzte Flucht gewesen?

Schweigen. Dann über ihnen – alle heben die Köpfe – ein Flugzeugdröhnen, und unter ihnen eine Untergrundbahn. Sichtliches Vibrieren des Bodens. Stille. Das Fährensignal des Anfangs. Blick aller hin zum EINHEIMISCHEN. *Dieser verschwindet, nach einer Geste des »Zeit genug!«, in der Hütte und tritt auf mit einer Flasche. Die zu dem Wein passenden Gläser zaubert das* ALTE PAAR *aus dem Überseekoffer. Einschenken durch den Einheimischen als den Kellner, der, beim Einander-Zutrinken aller, dabeisteht. Dann, dringlicher, wieder ein Abfahrtston. Zugleich das Anfangslicht.*

DER ALTE
erhebt sich, samt Koffer, winkt sein »Mir nach« und tanzt ab.

DIE ALTE
ihm folgend: Immer Herr der Situation: Im Leeren der Meister des Wartens, im Gedränge der Platzmeister, und gleichwo mein Meister des richtigen Augenblicks. – Bald wieder in meinem Garten, dem dreieckigen an der Eisenbahn: der Dill, die grünen Bohnen, der Salbei, das Basilikum, die Schlange, die immer am selben Platz an der Mauer liegt, nah an der Felsritze ...

DER ALTE

zurückblickend: Und endlich wieder die runden
Augen der Enkel, vor denen sich auch unsere
Schrumpf-Augen neu runden werden! *Nach vorn
blickend, mit einem Ausruf des Staunens:* Die
Fähre heißt EMMAUS!

DIE ALTE

Wie der Billigwohnblock daheim am Ortsrand,
wo einem beim Vorbeigehen die Aasfliegen in den
Mund schwirren. – Ob es überhaupt schon heim-
geht? *Im Abtanzen hebt sie etwas auf, was der
ALTE vor ihr verloren hat, wobei wiederum sie etwas verliert, das die ihnen folgenden SCHAUSPIE-
LER aufheben …*

SPIELVERDERBER

*den SCHAUSPIELERN nachrufend, mit einer Geste
auf PARZIVAL:* Nehmt ihn mit euch, Schauspieler,
und tragt ihn, denn er ist der Leib des Fragens und
soll alle Zeit bei euch bleiben, damit ihr Leute von
heute vielleicht doch noch einmal das Fragen darstellen lernt. *Die beiden heben PARZIVAL an Knie-
kehlen und Achseln empor und tanzen gemächlich
mit ihm, der den Zurückbleibenden noch einmal
über die Schulter winkt, ab.*

SCHAUSPIELERIN
sich für einen letzten Augenblick umdrehend, unversehens mit einem Diadem an der Stirn: Viel Zeit, Einheimischer! Viel Zeit, Anton Pawlowitsch! Viel Zeit, Ferdinand!

MAUERSCHAUER
»Viel Zeit«? Ist das ein neumoderner Abschiedsgruß?

SCHAUSPIELERIN
Nein, ein sehr alter Neujahrswunsch. *Sie reibt die Stirn über* PARZIVAL *an der des anderen Trägers:* Bist du mit mir?

SCHAUSPIELER
Und du, bist du für mich? *Die drei tanzen ab. Ein weiteres Signal. Stille.* MAUERSCHAUER *und* SPIELVERDERBER *erheben sich. Der* EINHEIMISCHE *tritt zurück in den Schatten.*

MAUERSCHAUER Eine lange Reise war das.

SPIELVERDERBER
Die Vogelfluglinie war es nicht. Mir ging es damit wie mit dem Berg, der aus der Ferne kinderleicht wirkt und in der Nähe voll von Schründen, Klüften und Überhängen ist, schwierig ein jeder Schritt.

147

MAUERSCHAUER
Und wieder einmal ist mir ein Abschied mißglückt.

SPIELVERDERBER
Dabei warst doch du es, der vom Abschiednehmen
die schönste Zeile geschrieben hat, die je dazu geschrieben wurde. *Pause.* »Zärtlich will geschieden
sein ...« *Pause.* Ich möchte weg nach Sibirien. Da
sitzt man irgendwo am Jenissej oder Ob und an-
gelt ...

MAUERSCHAUER
Für heute genug geflüchtet, Anton Pawlowitsch.

SPIELVERDERBER
Für heute genug gefragt, Ferdinand.

MAUERSCHAUER
»Er h a t ausgefragt« ist bei uns daheim ein Ausdruck für »Er ist kein Kind mehr«, und »Er i s t
ausgefragt« bedeutet »Er ist gestorben«.

SPIELVERDERBER
Was hast du danach jetzt vor?

MAUERSCHAUER
Du fragst schon wieder. *Pause.* Es zieht mich hinein
in den Tumult, in die Hauptstädte. Weg von den

Bäumen. Nicht mehr überall erst Ausschau halten müssen nach dem »Baum des Orts«, damit es überhaupt Ort wird. Weg zu den Steinen, schwarzen und weißen, Kalk und Basalt. Aus dem stillen Hinterland zurück ins laute Vorderland. Wieder Zeitgenosse sein. Die Paare sollen schreien, die echten wie die falschen. Die Puffer sollen aufeinanderstoßen, die Stille zusammenkrachen unter der Preßluft.

SPIELVERDERBER
Ja, in die Stille kommen wir in diesem Jahrhundert, oder überhaupt bis ans Ende der Zeiten, wohl nicht mehr.

MAUERSCHAUER
Recht so. Der Krach erlöst wenigstens von der Tortur des Geredes. Schau, wie schön die Arbeiter im Getöse dort einander zulächeln.

SPIELVERDERBER
Zu meiner Zeit gab es beim Arbeiten andere Geräusche als das Krachrummsknallknirschsirr. Und schau: der Gekreuzigte dort über deinen fröhlichen neuzeitlichen Arbeitern ist gegossen aus Beton und hat ein Gesicht, als sei er am Krach gestorben. Ich brauche die Stille.

MAUERSCHAUER Warum?

SPIELVERDERBER Ich weiß es.

MAUERSCHAUER Ist das eine Antwort?

SPIELVERDERBER Ja.

MAUERSCHAUER Und das sagst du?

SPIELVERDERBER
Das sage ich, den es davor graut, nach der Zeit im Weltreich der Stille und der fragenden Phantasie und des zur Frage geweiteten Traums zurückkehren zu sollen in die fraglose Despotie der Wappen, Fahnen, Nummern- und Namensschilder. Schwindet das Fragen, so schwindet auch mein Schöpfungsgefühl. Unmusikalische Fraglosigkeit! Eine s c h ö n e Fraglosigkeit kenne ich nur in der Müdigkeit... War denn die Zukunft nicht einmal ein Kontinent? Und die Frage der Fragen, jedenfalls zu meiner Zeit: » Was sollen wir tun?« Und warum ist dieser Kontinent heutzutage geschrumpft zu deiner wie meiner Inselfrage: » Was soll i c h, ich allein, tun?« Wo ist unsere Gemeinsamkeit mit all den kreuz und quer Gehenden hinverschwunden? Waren wir nicht einmal alle zusammen in dem Zittern drin, auch nur der Papiertischtücher eines verlasse-

nen Wirtshausgartens in der Nacht an einer Stadtausfahrt? »Langsam schwindet vom Dachfirst die Kindheitslegende der aufeinanderfolgenden Schwalbe«? Wer könnte die heutige Zeit noch eine Epoche nennen?

MAUERSCHAUER
Was mich angeht: Ich brauche keine Epoche. Das Blatt fällt ins Wasser, der Wind geht durch das Gras – das genügt mir als Zeit.

SPIELVERDERBER
Unterwegs habe ich kein einziges Tier getötet – kaum seßhaft, werde ich schon wieder mit dem Zerquetschen anfangen. Unterwegs war ich vollkommen beschwerdefrei – kaum zuhause, werden mir schon wieder die Schmerzen durch den Körper ziehen ... Und bei meinem Anblick werden die Mitbürger wieder die Sicherheitsgurte festschnallen ... – Na, wenigstens heißt Taganrog immer noch Taganrog, und die jungen Mädchen zieht es noch immer nach Moskau.

MAUERSCHAUER
schaut durchs Theaterglas: Und die Mädchen in Ottakring kauen immer noch Kaugummi. Und die Schrebergärten von Hernals grenzen immer noch an den Friedhof. Und der Stoß im Himmel heißt

immer noch Stoß im Himmel. Und da: immer noch die Klavierfabrik Ehrbar. Und immer noch verstopfen die Fahrzeuge der Firma SELBSTABHOLUNG die Straßen. Und Hinterbrühl liest noch immer die Hinterwaldzeitung. *Beiseite:* Die Ortsnamen mit »Hinter −« sind sicher nicht von den Bewohnern so getauft worden ... Neu dazugekommen: das Schnellbräunungscenter, die Schmerzklinik und das Bashō-Institut für Reintegrative Lernsysteme. Na, wenigstens gibt es noch meine Gernkollergasse und meine Erdbruststraße, meine Denngasse und meine Undstraße. Und da: Memphis − wenn auch nicht Tennessee, und schon gar nicht Ägypten. Und dort, in dem Bus mit der Aufschrift »Schaffnerlos«, stehst du!

SPIELVERDERBER Und was tue ich?

MAUERSCHAUER
Als der Bus anfährt, torkelst du nach hinten. − Und dort, wir alle: eine Mutter schlägt ihr Kind.

SPIELVERDERBER
Und das sagst du! Etwas Schönes bitte, nur eins.

MAUERSCHAUER
Dort, ein Schneckenhaus, das auf ebener Erde dahinrollt, angestupst von einer Wespe.

152

SPIELVERDERBER
Weil die Wespe ein Aasfresser ist.

MAUERSCHAUER
Aber dort, wieder du: Ein flüchtendes Kind.

SPIELVERDERBER
Wahrscheinlich einer dieser Läufer, eine dieser unappetitlichen, trampelnden Laufbestien.

MAUERSCHAUER
Nein, ganz sicher ein Kind, denn es sucht sein Versteck in einer Mauer. Wer anders als ein Kind glaubt sich verstecken zu können in einer Mauer?

SPIELVERDERBER
Siehst du auch meine an meinen jeweiligen Ausweichstellen gezeugten Kinder irgendwo?

MAUERSCHAUER
Dort am Geländer über der Schlucht. Sie halten sich gut am Rand des Abgrunds, mit kleinen Rucksäcken. Das eine spricht spanisch, das andere russisch. Nicht wecken! Lassen.

SPIELVERDERBER
Was aber bleibt mein tiefstes Bild? Das eines jäm-

merlich Flüchtenden. You can run but you cannot hide. Und wen sehe ich als diesen hoffnungslos Flüchtenden? (*Schweigen.*) Wie ist das
Wegstück, das vor mir liegt?

MAUERSCHAUER Friedlich.

SPIELVERDERBER
Schade. Ich hätte es gern durchflüchtet. Das Unterwegssein, die Ortlosigkeit – wie hat mich das
immer wieder in Frage gestellt – zum Glück.

MAUERSCHAUER
*läßt sich plötzlich auf die Knie fallen und legt sich
bäuchlings auf die Bretter, äugt da durch:* Das
war schon als Kind mein liebster Ausguck: durch
die Astlöcher der Balustrade hinunter auf die
Erde.

SPIELVERDERBER Was siehst du jetzt?

MAUERSCHAUER
Sienabraun, Yang-Tse-Kiang-Gelb, das Rot des
Monument Valley. *Stille. Dann geben sich beide
den Ruck zum Gehen, ein jeder in eine verschiedene Richtung.*

MAUERSCHAUER

jäh umkehrend: Wart, alternder, nicht mehr umzu-
schulender Flüchtling. Ich gebe dir noch etwas Ge-
leitschutz. *Im Moment, da er den anderen erreicht:*
Seltsam – gerade war ich ganz du! *Zieht dann im
gemeinsamen Abgehen sein Buch hervor, schlägt
es auf:* Ich kann wieder lesen! Kein Dritter mehr,
der mit mir mitliest. Endlich wieder im Bild. Endlich wieder im beständigen Leben der Schrift. *Liest:*
»Ich verbrachte zwei Nächte in Tōsais Haus, und
dann sagte ich, ich müsse gehen,denn ich wollte
den Herbstmond im Hafen Tsuruga sehen...« –
Blickt auf in die Ferne: Wie viele Abschiede überall,
wie viel Abschiedsschmerz! Nur die Nonnen in
dem beleuchteten Abteil schwatzen vor sich hin
ohne Kummer, fahren von niemandem weg, glauben sich schon vereint mit ihrem Herrn im Himmel.
Garnicht gut so, garnicht gottschön!

SPIELVERDERBER

*mit einem Blick hinab auf seine Schuhsohlen und
sein Gewand:* Maulbeerflecken, Teer, Fischgräte,
Strohhalm, Kaugummi, Vogelflaum, Wegsand,
Bachglimmer: Ich glaube, diese Schuhe wird der
Flüchtling behalten. – Und an die Fabriksnummer
der unbekannten Schneiderin wird er für diesen
Anzug einen Dankbrief schicken. *Spuckt zurück
auf die Lichtung:* Verdammtes Dodona! *Beiseite:*

Bei uns Flüchtlingen gilt das Verfluchen eines Ortes beim Abschied als Dank. *Die Arme emporwerfend, beim Anblick der Ferne:* Die Steppe! Die Steppe!

MAUERSCHAUER UND SPIELVERDERBER
gemeinsam: Laß uns eine Zeitlang noch ohne Ziel gehen! – *Beide tanzen ab. Pause.*

DER EINHEIMISCHE
tritt aus dem Schatten. Dann Nachtlicht, unterbrochen immer wieder von einem Leuchtturmstrahl, der im Kreis schwenkt. Der Einheimische berührt den Gong, ohne ihn zum Tönen zu bringen; das Rad, ohne es zu drehen; trinkt die nicht leergetrunkenen Gläser leer. Dann Blick im Kreis auf die leeren Hocker: Alle werden gut heimkommen. Aber ist der allein Zurückgebliebene auch gut allein zurückgeblieben? – Keine Fragen mehr. Ich beiße jeder Frage den Kopf ab. *Knallt mit der Peitsche, die ihm darauf aus der Hand fällt.* Sie werden heimkommen in Erwartung derer, die in der Zwischenzeit nach ihnen gefragt hätten, doch es wird niemand nach ihnen gefragt haben. Nur die Heimkehrvergifter werden ihnen die bösen Zettel an die Türen geheftet haben. Und wenn einer nach ihnen gefragt haben wird, dann nicht der Richtige. Aber schon der erstbeste wird ihnen sa-

gen, wie sie sich auf ihrer Reise verändert hätten, worauf sie auf der Stelle wieder ganz die Alten sein werden. Wie heißt es: Der Abwesende hat immer unrecht, zurückzukehren? Bereitet euch auf eine neue Fremde vor. »Hätt' ich einen Hammer...« Keine Fragen mehr. Das Fragen ist unter meiner Würde. Schaut mich an: Ich wohne in meiner Heimat und frage niemanden, und niemand fragt nach mir. Dazu das Motto von uns Samurai des Nicht-Fragens, ausgegeben von unserem ersten Shogun vor einhundertfünfzig Jahren: »Die ungeheuerlichste Kultur, die sich der Mensch geben kann, ist die Überzeugung, daß die andern nicht nach ihm fragen.« – Wo bleibt nur heute das Schrillen der Zikaden? Ach, ich vergaß: Nacht. Winter. Nichts als die toten Hülsen der Schnarrer unter den Kiefern. »Ich hämmerte am Morgen...« Wo bin ich? Wo bin ich hinverschlagen? *Strafft sich:* Keine Fragen. Fragen verboten. Wir haben alles selber herauszufinden. Und jetzt im Finstern ist die Zeit dafür – denn, so unser zweiter Feldherr: »Alles Fragwürdige wird am besten des Nachts herausgefunden.« *Geht im Kreis:* Einbiegen in die Dunkelheit: Licht blendet, Finsternis stellt her. *Recht den Boden um die Quelle:* Unsere Art Fragen war immer das Arbeiten. Nur so konnte ich ganz Frage werden. Je tiefer ich mich einließ auf meine Sache, um so mehr Werkstücke standen mir gegenüber als Fragen, und um so mehr staunte ich. Einmal, mitten in solch einer Arbeit, kam ich an eine Stelle, wo der, der sonst höchstens fragen läßt – der Herr Fragenlasser –, mit mir mitfragte und selber ganz Frage wurde. Wie staunten wir zwei miteinander! Was für eine Freude! Ach, heim zur Arbeit! *Rechen zurück in die Hütte:* Aber jetzt ist Feierabend. »Ich hämmerte am Abend ...« Kommt denn keiner von denen zurück, weil er mich braucht? Mich brauchen? *Setzt sich auf die Quellfassung:* Für eine kurze Zeit noch bin ich in der Obhut der Abwesenden. Noch spüre ich sie um mich herumstehen. Ich bin nicht allein, noch nicht. *Springt auf:* Niemand, niemand. Käme doch wenigstens ein Feind daher. Selbst der Leibhaftige wäre mir jetzt recht als Gegenüber. *Rüttelt an einem Baum:* Früher fiel mir noch manchmal ein Apfel vom Baum, die Augen des Holzes der Hütte schauten mich an – aber all das genügt mir nicht mehr als Ansprache. Aber auch ihr anderen habt eure Liebe nicht gefunden. Wo seid ihr, meine Leute? Wo gehöre ich hin? Bin ich denn der einzige meiner Art? Einziger unerwünschter Einheimischer? Gerade noch Verbinder der Fußballmannschaft im Lehrlingsheim, gerade noch Kassierer des Sparvereins vom »Gasthof Heimathaus«, gerade noch ein ganzes Volk hier in den Schultergelenken – und jetzt unwiderruflich allein? *Fußtritte ins Leere:* Schluß mit der Heimat, denn, so unser dritter Anführer: »Du wirst sie nie erfragen, wenn dir nicht ein Traum von ihr genügt.« Nur träume ich nie. *Schlägt sich auf Mund und Ohren:* So hör auch auf zu fragen, Idiot. Jetzt das Spiel vom Nicht-Fragen! – Was ist die Heimat des Idioten? – Schon wieder eine Frage, auf die es keine Antwort gibt. Ruhe! Brenn es dir ein: Zu einer Antwort, die man nicht aussprechen kann, kann man auch die Frage nicht stellen. Das Rätsel gibt es nicht. – Ah, eine Eule: flieg nicht weiter, bleib. – Seltsam, daß Tiere, wenn sie allein sind, etwas von Verwitweten oder Verwaisten haben. *Läßt sich nieder an der Säule und lehnt den Kopf dran:* Da ich für heute all meine Fragen losgeworden bin, werde ich nun selig schlafen, traumlos ausgestreckt unter dem Großen Wagen, nah am Quellwasser. Seht euer Vorbild! *Wendet den Kopf zur Säule und liest:* »Wenn Sie den sonoren Alarmton hören ...« *Atmet tief ein:* Fragefrei werden. Fraglos ausharren. Wie die Blätter von den Bäumen fallen, ohne Fragezeichen. Einfach wie die alten Statuen mit der verhüllten Hand das Buch halten und mit der anderen darauf zeigen. Die Lösung des Problems des Fragens erkennst du am Verschwinden dieses Problems. Keine Zwischenräume mehr – also auch keine Fragen mehr. Bäume, wiegt mich mit euch.

Der Schmetterling geht ab in Gestalt eines Mädchens. Der Wahnsinnige tritt auf mit dem Blütenzweig der Jahreszeit im Haar. Die kirschgroßen Regentropfen treffen, ohne ihn aufzuwirbeln, auf den Staub des Feldwegs und die Strohhalme der verlassenen Felder. Helles Bild nähert, dunkles entfernt sich. Wo ist der Hund, der dem armen Lazarus die Schwären des Fragens ableckt? »Ich hämmert' in der Nacht...« Warum? Warum? Warum? »Die Rose ist ohne warum«? Und du? Und du? Und du?

Er bläst auf seiner Harmonika eine Folge der tiefsten Töne, noch einmal und noch einmal, in Abständen, wobei er zwischendurch horcht. Dann hinter der Szene die gleichen Töne, als Antwort. Er lauscht; bläst weiter; lauscht neuerlich: Sein Spiel wird beantwortet. Das wiederholt sich, nur daß die Antworttöne sich am Ende entfernen.